AF283013

LOS CUATRO

GRANDES HISTORIADORES LATINOS

CÉSAR-SALUSTIO-TITO LIVIO-TÁCITO

© 2025

•

Colección facsímiles

Dirección literaria: Lluís Claret

Primera edición: 2025
© *De la presente edición:* calambur editorial s.l.
c/ Pobla de Lillet, 4. Local 1. 08028 Barcelona
Tel.: (+34) 931 708 326

calambur@calambureditorial.com • www.calambureditorial.com
calambureditorial.blogspot.com • facebook.com/CalamburEditorial
@EdCalambur

*Imagen de cubierta: Vista del Coliseo del antiguo
imperio romano* | Freepik

isbn: 978-84-8359-111-6
depósito legal: b 4893-2025

BIBLIOTECA DE JURISPRUDENCIA, FILOSOFÍA É HISTORIA

LOS
CUATRO GRANDES HISTORIADORES
LATINOS
CÉSAR-SALUSTIO-TITO LIVIO-TÁCITO

POR

D. NISARD

De la Academia Francesa

TRADUCCION

POR

LUIS DE TERÁN

Profesor en el Ateneo de Madrid

CALAMBUR

LOS CUATRO

GRANDES HISTORIADORES LATINOS

ADVERTENCIA

Los cuatro grandes historiadores latinos son
unas lecciones de principio de curso pronunciadas en
el Colegio de Francia, cuando tenía la honra de enseñar Elocuencia latina. Por el hábito adquirido de no
empezar el curso sino después de una preparación
que comprendía el conjunto del mismo, la primera
lección, en vez de ser una especie de preámbulo del
curso, era un resumen dado de antemano. Indiferen-
temente, hubiera podido ser una lección de apertura
y una lección de clausura. Si estos juicios sobre los
cuatro grandes historiadores latinos tienen algún mérito de solidez, lo deben á mi método de trabajo.

Lo relativo á César empieza por reflexiones que
se refieren al objeto general del curso más bien que
al historiador. Tomaba por primera vez posesión de
la cátedra de Elocuencia latina, y sucedía en ella al
sabio y venerable Burnouf padre. Convenía que mi
primera lección empezara por algunas generalidades
sobre la literatura y la lengua latinas y por un homenaje de respeto á la memoria de mi antecesor.

Hago que siga á esta lección un estudio sobre el

1

mismo asunto, escrito, veinte años después, á propósito de un libro que debió á la calidad de su autor el
ser más alabado que juzgado, más criticado que leído.
Se trata de la *Historia de Julio César* por el Emperador Napoleón III.

El presente volumen termina con «Veintidós meses de la vida de Mirabeau». Reconozco que no hay
lazo alguno entre los CUATRO GRANDES HISTORIADORES
LATINOS y un trabajo sobre el gran orador. Lo que me
interesa no es el lugar en que lo pongo, sino que los
lectores no me censuren por haber alargado inútil-
mente este libro. Publicado el trabajo en cuestión por
primera vez en una revista, reimpreso luego en mis
Estudios de Historia y de Literatura, lo reproduzco
aquí con un nuevo título que indica clara y lealmen-
te sus límites.

I

CONSIDERACIONES GENERALES SOBRE LA NECESIDAD DE CONOCER EL LATÍN PARA SABER EL FRANCÉS

Al subir á la cátedra de Elocuencia latina, al salir de una enseñanza que tenía por materia la historia de la literatura francesa, no cambio de asunto. Voy á reconocer los primeros modelos del espíritu francés, y á visitar la más caudalosa de las fuentes de nuestra lengua.

Estudiar el latín es, en efecto, retrotraer el estudio del francés hasta sus elementos primitivos, hasta el origen del que nuestra lengua ha tomado los grandes caracteres que la han hecho heredera de la universalidad de las lenguas griega y latina.

No hago con esto una especulación arbitraria, no hablo á capricho: expreso un hecho en el que están de acuerdo todos los espíritus cultos de Europa y el que atestiguarían los más eminentes de todos en lengua francesa, si se les llamase á ello. Y este hecho es una respuesta irrebatible á quienes quieren quitar el latín de la educación pública, ó, lo que es lo mismo, á no darle sino el puesto de un conocimiento accesorio.

He aquí lo que pretenden arrebatar: ¡el conocimiento de nuestra lengua!

Uno de mis colegas y amigos, cuyo saber ingenioso y sólido se ha celebrado á menudo, M. Ampere, ha dicho.

«Las palabras latinas son la misma lengua francesa; la constituyen. No se puede, por lo tanto, buscar cuáles son los elementos latinos del francés. Lo que tendré que hacer, será indicar cuáles no lo son.»

Y añade:

«La Gramática francesa es enteramente latina. El fondo del Vocabulario lo es igualmente. La inmensa mayoría de las palabras francesas tiene un origen puramente latino.»

Así, pues, he aquí lo que se quiere que ignoréis: más de la mitad de vuestra lengua, á menos que no se pretenda saber una lengua cuando no se la siente. Ahora bien; no se siente una lengua sino en cuanto se percibe su fuerza etimológica. Esto es una verdad ostensible en un grandísimo número de palabras cuyo origen es una imagen que pinta el pensamiento, y no simplemente un signo arbitrario que no hace sino indicarlo.

Cerrar los libros latinos, sería cerrar la mayor parte de los libros franceses en los más bellos pasajes. En efecto; las más delicadas bellezas de expresión de nuestros grandes escritores son por lo general latinas. Algunos de ellos tienen el giro de expresión completamente latino; por ejemplo, Montaigne, quien á la edad de siete ú ocho años «se substraía, dice, á todo otro placer para leer las «metamorfosis» de Ovidio, por cuanto el latín le era lengua materna». Y añade (conviene citar todo el pasaje): «Porque de los «Lanzarote del Lago», de los «Amadís», de los «Huons de Burdeos», y de otros semejantes libros con los que se divierte la infancia, yo no conocía siquiera el nombre, ni conozco hoy el texto; tan severa era mi disciplina». Sus preceptores, entre los que figuraban Buchanán y Muret, dos sabios eminentes, «temían, dice, temían acercársele, por lo dispuesto y á mano que tenía el latín».

Sé que se puede no leer á Montaigne; pero, si se le lee, no se puede tomarle gusto y sacar provecho sino á condición de saber la lengua en la que pensó, y que fué su lengua materna.

En el siglo XVII todos los escritores llevan el sello latino; ¿no son los mejores los más latinos? Descartes empieza por componer en latín, después se traduce á sí mismo ó se hace traducir al francés. Pascal, Bossuet han llevado al francés los mayores atrevimientos del latín. Algunos libros teológicos de Bossuet están por completo en latín, y todo lo que en ellos ha puesto de filosofía moral parece extractado de Cicerón ó Séneca. Más adelante, Rollín se excusará de escribir sus historias en francés, no estando seguro de que el latín no nos sea, como dice Montaigne, más maternal que el francés. No vayamos tan lejos; pero no cerremos los ojos á la coexistencia y á la práctica simultánea de las dos lenguas en todos los escritores de mérito de los siglos XVI y XVII, y, salvo excepciones, del XVIII.

Atribuyo á estudios latinos ó demasiado flojos, ó abandonados irrevocablemente al salir de las escuelas, la indiferencia lastimosa que hace descuidar á estos grandes escritores.

No es la materia la que se ha enfriado. ¿No es esta materia de un interés general? Se trata del hombre, de sus pasiones, de sus miserias, de la obscuridad de su destino. No dejaremos de interesarnos en estas cosas, sino cuando dejemos de interesarnos por nosotros mismos. Nuestras infidelidades para con nuestros grandes maestros, vendrían más bien de la idea de que otros saben más sobre este asunto, ó de que

han descubierto algo nuevo. Pero la causa principal
es que, no sintiendo, por falta de saber, toda la fuerza de su lengua, no llegamos á percibir todo su pensamiento. Se nos escapa parte de él. Ahora bien; esta
parte es á menudo el punto capital. Pasamos, pues, sobre tal belleza delicada y oculta que impresionará y
cautivará á un lector instruído en la lengua; tal nota
que no hemos entendido va á removerle en lo más
profundo de su alma.

¿No es también por falta de no poseer ó enaltecer
este conocimiento de los orígenes y de las tradiciones
de nuestra lengua, por lo que hablamos ó escribimos
con tan poca propiedad y precisión?

Cuando este conocimiento falta, se habla ó se escribe conforme al uso. Pero, aunque es cierto que el
uso sea el regulador de las lenguas, hay que distinguir, como lo hizo Vaugelas, el buen uso del malo.
Ahora bien; en las épocas en que el uso es malo—¿y
quién puede negar que hay esas épocas?—todo lo que
se recibe del uso, que entonces no es sino moda, es
malo ó por lo menos defectuoso.

Así, en nuestra época, gustamos mucho de las palabras que constituyen imagen, y se ha establecido
en este concepto un uso funesto para la lengua. Téme-
se el decir demasiado poco; sea que se hable ó que se
escriba, se tiende á la palabra que se juzga más expresiva y que más dé la anhelada fama de tener
mucha imaginación y un alma apasionada. De aquí
esas palabras que pretenden hacer ver con los ojos
del cuerpo, ¿qué digo? que se toquen con los dedos los
pensamientos, y que no tienen proporción con el asunto, ó que están en contradicción con el carácter y con
el temperamento de los que se sirven de ellas. ¿De
dónde procede este vicio, si no es de la ignorancia en

que se está de la etimología de tales palabras? Se sabe solamente que agradan y esto basta. ¿Pero por cuánto tiempo agradarán? Por el tiempo que dure tal moda del uso. Se podrá hablar sucesivamente en una vida cinco ó seis lenguas de moda; nunca se habrá tenido una lengua propia.

¿Es preciso, pues, ser ilustrado para hablar ó para escribir con precisión? Indudablemente.

¿Y en qué época ha ocurrido otra cosa? ¿Puede creerse que la sencillez y la pureza irreprochable de nuestros buenos escritores no les haya costado ningún estudio, y que una lengua tan perfecta haya brotado de su pluma sin esfuerzo? No; todos esos hombres fueron sabios en su lengua; estaban hechos á la comparación del francés con el latín, y como el músico consumado, sabían el valor de todas las notas antes de hacer vibrar el instrumento. A la verdad, no se trata para nosotros de ser grandes escritores; pero podemos y debemos desear ser personas capaces de darse cuenta de sus pensamientos; y esto requiere el poseer, en cierto grado, el saber de los grandes maestros del lenguaje. Cuando se habla y se escribe, no conforme al uso al que nos atrae el espíritu de imitación, sino con arreglo al conocimiento que se tiene del sentido de las palabras, se habla con precisión, y cuando es preciso, se escribe bien.

Un estudio elemental, no digo filológico, del latín, nos enseña, pues, de una parte á sentir mejor las bellezas de nuestra lengua, de otra parte á no hablar ni escribir al azar. Estas dos ventajas son las que quieren arrebatarnos los enemigos de los estudios latinos.

Lograrían más de lo que se proponen: nos llevarían á olvidar el genio mismo de nuestro país. Esa gravedad, ese sentido práctico, ese aire de grandeza que se admira en las producciones del genio francés, son cualidades romanas. Hay una frase que suena como el famoso *civis romanus sum*, la frase: yo soy francés. Es un pensamiento romano el querer que la sociedad francesa sirva de tipo á todas las demás; es una ambición romana el querer que París, como Roma, sea la capital del Universo.

Sé que hay espíritus que ven en esta semejanza un signo de imitación y una librea de servidumbre, como si se imitase la razón, el sentido práctico; como si la grandeza se copiase. ¿Quién ha impedido que las otras naciones tomen estos caracteres? Roma, al morir, no designó al heredero. Cada pueblo pudo serlo; pero solamente heredó á Roma el que se encontró con fuerzas de reanudar sus ideas, su espíritu de universalidad y ese ardor de civilizar que no es sino el deseo de hacer que prevalezca lo justo sobre lo injusto, el derecho sobre la fuerza, el espíritu sobre la materia. Esos celosos de la originalidad de una nación, que preferirían verla en la estrecha dependencia del suelo que habita, que emancipada por el pensamiento, que hubieran preferido el espíritu galo al espíritu francés, no comprenden que son más imitadores que los partidarios de los estudios latinos, porque imitan un gesto á la moda, y que pasará como ha venido; y nosotros, amigos del latín, nos afiliamos á nuestra vez, á ejemplo de nuestros abuelos y nuestros padres, y por la libre adhesión de nuestro juicio, á una tradición antigua, á la más saliente de nuestras costumbres nacionales, y nosotros no queremos arrancar uno de los dos pechos que amamantaron, desde hace trescientos años, á todo lo que es grande y fuerte en nuestro país.

Los romanos, que no tenían, sin embargo, una mediana idea de sí mismos, eran menos celosos de su originalidad nacional de lo que esas personas lo son de la nuestra. En la educación de sus hijos, el estudio de la lengua griega precedía al de la materna. Con el mismo espíritu formaron sucesivamente su constitución militar mediante una selección de reglas y de usos tomados de los pueblos á los que había vencido.

¿Os parece, pues, que la legión romana careciese de originalidad? Cierto es que en las relaciones de Roma con los otros pueblos solamente se admitía la lengua latina; arengábase en latín á Grecia vencida y se censuró á Cicerón por haber hablado un día en griego á los atenienses. Nosotros no tenemos que hacer en este concepto ninguna violencia á nadie. Más afortunados que los romanos, que imponían el latín por la fuerza, las otras naciones nos toman el francés para comunicarse entre ellas, y en los grandes consejos de Europa se delibera y se toman resoluciones en la lengua de nuestros embajadores.

¿Por qué ese celo de los romanos por la lengua griega? ¿Era una imitación? ¿Era una abdicación del genio nacional? No; como tampoco entre nosotros el estudio del latín ha sido una abdicación del espíritu francés. La luz estaba de aquel lado; los ojos de los romanos la vieron y quedaron cautivados. La Grecia vencida—dice Horacio—se hizo dueña de su fiero vencedor.

Graecia capta ferum victorem cepit...

Los romanos reconocieron que habían encontrado lo que buscaban; no pensaron que cerrando sistemáticamente sus oídos y sus ojos á las seducciones de la Grecia cautiva llegarían por sus propias fuerzas, y pasadas algunas generaciones más, á la misma per-

fección de las artes, con la gloria de su originalidad
salvada. Estaban impacientes por apropiarse aquellas
riquezas de la inteligencia; apresuraban su conquista,
y el más tenaz de lo que se llamaba entonces el *viejo
Lacio*, el más enemigo de moda que hubo en el mundo,
Catón el Antiguo, aprendía el griego á los ochenta
años.

A ejemplo de Catón, en tiempos del renacimiento,
acudían los ancianos en torno de las cátedras recien-
temente creadas, no queriendo morir sin templarse y
rejuvenecerse en las fuentes vivas del todo saber humano. Antes de esa época y durante toda la Edad
Media nuestra nación no estuvo un sólo día sin comunicarse con el latín. En el parto tan laborioso de
Francia, lo poco que penetra de luces de filosofía y
de derecho procede del latín. En latín están consigna-
das todas las palabras con las que se liga y se enca-
dena su voluntad, juramentos, promesas, garantías
civiles y políticas; en esa lengua testan los moribun-
dos y son obedecidos los muertos. Los doctores y los
filósofos se sirven del latín para hablar á la conciencia del hombre y para disertar sobre su naturaleza y
su destino; algunos hasta maduran antes de tiempo
por la virtud de esa cultura latina y acusan á la vez
nuestra aptitud para pensar en latín y el noble deseo
que experimenta el hombre en todas las épocas de
saber todo lo que del hombre se haya sabido. En tiempos del renacimiento hay una gran corriente á favor
del estudio de la lengua griega; la Iglesia, al perse-
guirla como lengua cismática, nos hubiese hecho griegos por el espíritu de oposición, si hubiéramos podido
serlo; pero el genio latino triunfa del genio griego, y
el primer escritor superior en el que la Francia de
hoy admira una primera imagen de su propio espíri-

tu, es Montaigne, quien á los ocho años hablaba el latín de manera de dar que hacer á Muret y Buchanan.

Esta vida en común de las dos lenguas durante tantos siglos, obsérvese bien, no es obra de la fuerza que impone un lenguaje extranjero al genio de un país que lo rechaza. La conquista un día aportó á las Galias un nuevo lenguaje. Los idiomas germánicos hicieron irrupción en pos de los francos. El latín que, era el vencido, los resistió y los conquistó.

Bien sé que ese latín, que los francos encontraron establecido, fué introducido por conquista en las Galias hechas romanas, y que nos inoculó la espada de César; pero si le recibimos con tanta facilidad fué porque convenía á nuestro genio, y hasta me atrevería á decir que porque reconocimos en él un bien nuestro. César, en un pasaje de sus *Memorias*, habla de la habilidad de los galos para imitar las invenciones romanas. Hay que pensar que no quiso rebajarlos con eso; ¿por qué imitaban ellos de los romanos, sino lo que los romanos imitaron de los pueblos griegos ó itálicos, es decir, los medios de ataque y defensa? Vencidos é incorporados al imperio, imitaron pronto la lengua de éste, por juzgarlo mejor para expresar sus pensamientos. La conquista de los sajones por Guillermo de Normandía fué más completa y más radical que la de las Galias por César; la antigua Inglaterra era sajona; al día siguiente se encontró normanda; y sin embargo, el sajón ha prevalecido en la lengua inglesa. En Galia, las cosas ocurrieron de otra manera. Sufrióse la administración de Roma, se fué al encuentro de su lengua. Por el retrato que César trazó de los galos, se comprende desde luego cómo la aversión natural por los conquistadores no les hizo odiar la lengua victoriosa. Pueblo ingenioso, vivo, despierto, los galos tenían demasiadas ideas para sus groseros idiomas; los romanos les llevaron con qué expresar esas ideas; nacieron así á la vida intelectual al día siguiente de la vida bárbara.

Así, pues, el francés es el que recibiría el golpe más rudo, ya de una disminución del tiempo que se consagra al latín en el curso de los estudios, ya de una modificación cualquiera que le redujese á las proporciones de un estudio accesorio.

Si el francés es en efecto la lengua de la civilización moderna, la lengua en la que se ventilan los asuntos del espíritu humano, su autoridad debe ser de algún interés para nosotros. Es lo más hermoso de nuestro dominio; por ella no cesamos de hacer conquistas en el mundo en provecho de la razón.

Pues bien; quitad á esta lengua el prestigio de su antigüedad; ¿qué queda para defenderla? ¿La Gramática? ¡Valiente barrera contra el uso, cuando el uso se ha convertido en un furor de cambio! Oponer la Gramática al uso, es oponer un pedagogo á un joven fogoso. ¿Los vocabularios? Hay uno oficial recomendado por la autoridad de la ilustre corporación de que es obra; ¿pero se cree en el Diccionario de la Academia? Son mucho más consultados esos vocabularios industriales que extienden la lengua y engendran indefinidamente palabras, halagando así nuestra inclinación á creer que tenemos más ideas que signos tiene el lenguaje para expresarlas. ¿No es una recomendación para un Diccionario, el contener más palabras que los anteriores? ¡Qué glorioso anuncio cuando se pueda prometer varios miles!

Quedan los ejemplos de las obras maestras. En primer término, no es raro que se los discuta. Más

discutidos lo serán aún el día en que se deje de aprender la lengua sobre la que están modelados y en que
ya no se sientan sus bellezas. Pero aunque se estuvie-
ra de acuerdo para ver en ellos las verdaderas tradiciones de la lengua, no sería demasiado para prote-
gerla la autoridad de las dos tradiciones reunidas,
el origen y las obras maestras; son dos líneas de defensa tras las que la encontraría más al abrigo.

¡Es tan bella esta lengua francesa, por su severidad misma, que hace que no sostenga sino cosas sensatas, eficaces, duraderas; por su honradez, me atre-
veré á decir, que la hace rebelde al charlatanismo, á
la declamación, á todo lo que se sale de lo verdadero;
por su claridad, que nos fuerza á sacar nuestros pensamientos del fondo de nosotros mismos y á ponerlos
en plena luz; es tan amiga de nuestra libertad, en su
mismo rigor al defender á nuestra razón, por la cual
solamente somos libres, contra la servidumbre de
nuestra imaginación y de nuestro temperamento! Nos
otros no la hemos producido por completo, sino que
la hemos recibido en gran parte de la principal nación
de la antigüedad y transformado por el genio que nos
es propio, sin quitarle las cualidades que tiene por su
origen; debemos entregarla al género humano, con lo
que nos ha venido de la Ciudad Eterna y con lo que
ha adquirido de nosotros. Heredera de una lengua
universal, no la dejemos abdicar de su privilegio de
universalidad. ¿Lo diré?, es el amor al francés lo que
me lleva al latín; y á causa de este parentesco direc-
to de las dos lenguas, considero las cátedras de latinidad en el colegio de Francia como cátedras nacionales.

II

CÉSAR. — SU CARÁCTER. — SUS MEMORIAS

Empezaré por los historiadores y por el primero, en el orden de los tiempos, que haya dejado un monumento histórico completo, César. Aunque mi plan no me lo hubiese indicado, mi inclinación me hubiera llevado á él.

Por César, en efecto, se introdujo el latín en nuestro país. El fué quien mostró á este país, hoy Francia, una primera imagen de la civilización en el espectáculo de un ejército disciplinado, marchando como un sólo hombre bajo el mando de un jefe genial. Nuestros recuerdos de los últimos años nos han familiarizado con el asunto y con el héroe. ¿No hemos agotado todas las calamidades y todas las grandezas de la Roma contemporánea de César? Guerra extranjera, guerra civil, una antigua sociedad destruída y reemplazada, un ensayo de imperio universal, otro César, nada ha faltado para la semejanza. Tenemos nuestra historia para anotar las *Memorias* de César.

El estudio de estas Memorias ofrece un doble interés: el interés del hombre, el interés del asunto.

¿Qué hombre hubo á la vez más extraordinario y más atractivo? Ni por un momento parece aturdido por su fortuna, ni apresurado, ni desigual. ¿No es acaso por no ser impaciente por lo que hace todas las cosas tan á punto? Verdadero héroe, cuando su alma se inclina á un objeto, su cuerpo no le sirve de ningún obstáculo. Así, aquel elegante, de quien Sila sospechaba la túnica de cinturón suelto y que se remangaba

como las mujeres los bordes de su toga para no echar
á perder las franjas; atravesaba los ríos á nado; mar-
chaba con la cabeza descubierta, con tempestad y
lluvias; recorría cien millas en un día; se abría paso
á través de las nieves de los Cevenes, y conducía un
ejército por donde los pastores se trazaban un sende-
ro trabajosamente. Con el mundo entero á cuestas,
no se encuentra nunca agobiado ni jadeante, y si se
me permite la expresión, en los momentos apremiantes encuentra siempre tiempo que perder. Mientras
que los egipcios le tienen sitiado en un barrio de Ale-
jandría, se hace enseñar astronomía por los sacerdo-
tes de aquéllos en doctos festines, en los que sabía ser
más sobrio que Alejandro. Varias veces, el viejo partido republicano tuvo sobre él la ventaja del tiempo,
tan decisivo en la guerra; pero César sabía de sus
enemigos más que los designios, sabía sus caracteres
y sus genios, y su fortuna estribó, sobre todo, en el
perfecto conocimiento que tenía de lo que sus enemigos podían osar.

Gustaba de las letras, no por distracción ni por
afectar todos los géneros de superioridad, sino con
verdadera afición, que el estudio y la práctica hicieron sabia y delicada. No le hubieran dicho, como al
otro César que asistía á una audición de música, de
la que no notaba sino el ruido: «Vuestra majestad
gusta de la música que no le impide ocuparse en los
asuntos.» César no tenía asuntos cuando se ocupaba
en las letras.

¿Quién creería que en lo más fuerte de sus dificultades, entre la guerra de Africa, en que murió
Catón, y la segunda guerra de España, en que había
de morir el hijo de Pompeyo, encontraba tiempo para
refutar por escrito la apología que Cicerón habíahe

cho de Catón? Si no fuese más que un acto político,
me asombraría menos; pero tratábase de una lucha
literaria; el arte era la verdadera causa; el asunto no
era más que el pretexto. La prueba es que los dos
rivales se felicitaban recíprocamente. César confiesa
que la lectura repetida de la obra de Cicerón le ha
hecho más abundante. Cicerón, á su vez, alaba á César por la belleza de su escrito, «sin adulación, escribe á Atico, y sin embargo, de manera que nada le
fué más agradable de leer».

La muerte misma de este gran hombre tiene algo
de conmovedor, por su desprecio de los avisos que
recibió sobre una conjuración contra su vida. ¿Era la
magnanimidad y el sentimiento que hacía decir á Dan-
tón, amenazado con el verdugo de Robespierre: «No
se atrevería»? ¿O no era más bien indiferencia y cansancio después de haber agotado todas las fortunas
humanas? Me inclinaría creerlo, porque es una grandeza más rara que la primera. El violento esfuerzo
que hubiera tenido que hacer para salvar su vida, la
sangre que hubiera sido preciso verter, las muertes
que no hubiera justificado su legitimidad tan reciente,
hubiesen podido hacer que se pareciera á un tirano
vulgar el más magnánimo de los hombres. ¡Llegaba
además tan oportunamente aquella muerte! Porque,
más afortunado que el otro César, éste murió con su
obra terminada, y la obra le sobrevivió. Al puñalear
á su vencedor, la antigua aristocracia romana dejó
su vida en la herida.

Sus vicios, aunque detestables, incluso á los ojos
de la moral de su época, no han podido hacerle odioso. Es que se comprende que los dominaba, y que,
más que indicaciones perversas, eran servidumbres
de su tiempo y de su rango, de los que sacaba partido

dejándose llevar. Así, se sirvió de sus desenfrenos, unas veces para substraerse á Sila, que le adivinaba y quería, matándole, emancipar de él al partido de la antigua república, otras para hacerse partidarios entre la juventud licenciosa y endeudada. Él mismo se endeudaba para prestar, dando á sus acreedores hipoteca sobre sus futuras victorias; pero en ningún género de corrupción innovó César. Se sirvió de las costumbres de entonces, no las hizo. El único vicio en el que sobrepasó á sus contemporáneos, fueron sus deudas, cuya cifra espanta; pero una parte de lo odioso debe hacerse recaer sobre los prestamistas, los cuales, tomando garantías sobre la ambición de él, le irritaban y le depravaban. Hasta admiro que en una época en que ninguna fuerza moral sostenía á nadie, ni el respeto de las antiguas formas republicanas deshonradas por su impotencia, ni la religión, que no era ya sino una costumbre, ni la conciencia pública pervertida por las violencias, fuese mejor que su tiempo, incluso en sus vicios.

Cruel en la guerra, no lo fué tanto ni tan á menudo como el derecho de la guerra de entonces se lo hubiera permitido, y lo fué á sangre fría, por una política que con razón parece mala, más bien que como hombre apasionado que cede á la cólera ó á la venganza. Esa especie de crueldad engendrada por el despecho ó la debilidad, la dejó al partido de Pompeyo, que se atrevió á amenazar á sus adversarios con los exterminios de Sila, sin que César contestase con la amenaza de las represalias de Mario.

En ese reducido número de hombres salientes que figuran en la historia y sobre los que no se alza ninguna cabeza, el único tal vez que cautive es César. Su grandeza es siempre fácil y natural: no hay nin-

gún alarde de ostentación; nada de afectado ni de
teatral; nada de advenedizo, ni aun en la misma cús-
pide del poder supremo, al que parece haber llegado
por derecho propio. No hay un héroe del que se pueda
decir, como de César, que no lo fué ni con exceso en
público, ni con aminoramiento en privado. De aquí
ese encanto que sus contemporáneos sintieron y que
sienten aún, después de los siglos, los que leen sus escritos. Veo la confesión, ó más bien reconozco la impresión de esto en la correspondencia de Cicerón, el
cual luchó varios años entre la seducción del vencedor de las Galias y los compromisos de su vida pasada, no atreviéndose á interrogarse severamente sobre
este punto, teniendo necesidad de los otros para odiar
á César, no teniendo sino seguir su opinión propia
para quererle. En varios pasajes hace de él elogios
que podrían resumirse en la palabra encanto, que
parece no haberse atrevido á escribir.

Hay que cuidar de que esta seducción no corrompa
nuestro juicio. Hagamos, pues, todas las reservas sobre los vicios de este gran hombre; pero, tomada esta
precaución, no temamos admirarle. La admiración
por los grandes hombres es provechosa; es lo único
que nos enseña nuestra medida; porque, así como
nunca sentimos mejor nuestra pequeñez que al pasar
frente á un edificio elevado, así también, cuando, mediante el comercio de las letras, frecuentamos á uno
de esos hombres que sobrepasan de la común altura,
nos disminuímos en nuestra propia estimación, lo que
es el principio de conocerse. En la vida de esos hombres que son llamados grandes, no porque son per-
fectos, sino porque sus méritos son mayores que sus
defectos, no nos fijemos en la parte mala; esto nos dá
sobre los que juzgamos ventajas que nos engañan y,

si la admiración nos ayuda á conocernos, la crítica
nos indica á estimarnos más de lo que valemos. ¿Es
cuerdo además resistir á la opinión del género humano? ¿De qué se acuerda en la vida de los hombres superiores? De los méritos, de las grandes acciones, de
lo bueno. Por el contrario, si olvida lo malo, ó, después de haberlo censurado por boca de la historia, se
lo perdona en reconocimiento de la fuerza moral que
saca de los ejemplos de aquellos y de las impresiones
de heroísmo y de grandeza que de los mismos recibe.

III

ASUNTO DE LAS «MEMORIAS» DE CÉSAR.—INTERÉS
DE ESTE ASUNTO

Quedan expuestos algunos rasgos del hombre que
hemos de estudiar en las *Memorias* de César; he aquí
el asunto:
Si considero la guerra de las Galias, ¿qué asunto
nos toca más de cerca? Nuestros padres fueron la materia misma de las victorias de César; en el suelo que
habitamos resistieron al doble ascendiente de la civilización y del genio. París fué uno de los campos de
batalla en el que los galos lucharon contra Roma.
César celebró allí la Asamblea de la Galia confede-
rada, ¿quién sabe?, tal vez en el lugar que hoy ocupan las Tullerías ó el Louvre. Al norte de París había
una vasta marisma; detrás de esa marisma fué donde
el antiguo jefe de los parises, Canulógenes, se defen·
dió contra el hábil lugarteniente de César, Labiano.
Aquí, en este lugar en que estamos, tuvo su campa-

mento Labiano. Hay sin duda en este auditorio algunos descendientes de cada una de las valientes naciones que disputaron á la espada de César, á la disciplina romana, á la civilización, á todas las fuerzas
humanas reúnidas, éste suelo que sus divisiones en-
tregaron, y en el que su unión ha formado la primera
nación de los tiempos modernos.

Aunque seamos los vencidos, en las *Memorias* de
César podemos complacernos en la relación de nuestras derrotas más gloriosas que muchas victorias.
Gracias á César, todo el que en este mundo tiene un
conocimiento de las letras latinas, sabe que en aquellos tiempos daban los galos los primeros ejemplos de
ese valor proverbial que nos ha hecho llamar, por
nuestros mismos enemigos, los primeros soldados del
mundo. Encontramos como inherente á este suelo que
fué el de Francia, el sentimiento del honor nacional,
ya vivo y enérgico aun antes de que en él hubiese
una nación, y el amor de la gloria, nuestra pasión,
nuestro patriotismo, nuestro peligro tal vez.

Ventílanse dos causas en la lucha entre Roma y
Galia: la independencia gala y la civilización. La
una no nos afecta menos que la otra; porque si nos
interesamos, como descendientes de los galos, en los
esfuerzos y en los sufrimientos de Galia defendiendo
su independencia, hacemos votos, como la primera
de las naciones civilizadas, para que la civilización
triunfe. Somos galos contra los romanos invasores de
la tierra ajena; somos romanos contra la Galia bárbara. El que los galos sucumban bravamente, es suficiente para la gloria de nuestros orígenes; pero la
razón quiere que sucumban. He aquí lo que hace de
las *Memorias* de César un libro único; el vencedor no
interesa menos que el vencido.

¿Es necesario decir el interés que nos ofrecerá el estudio de las *Memorias* sobre la guerra civil? ¡Qué hermoso asunto aunque no se considere más que al héroe, ya se le siga al otro lado del Rubicón después de ocho años de guerras y de victorias en las Galias, empezando sin tomar aliento su campaña contra el universo romano, corriendo de Italia á España, de Grecia á las orillas del Nilo y de la Propóntida, apo- derándose del imperio del mundo á paso de carga; tan audaz como en Galia, tan poco sorprendido por lo imprevisto, sin mostrar precipitación alguna, hasta en aquella prodigiosa rapidez que le hacía llegar an- tes de la noticia de su marcha; siempre con la misma marcha de audacia y de prudencia, de temeridad y de profundidad de cálculo; pero esta vez con el mun- do conocido por escenario, el imperio por precio del combate y un peligro más capital que el de perecer; ya que se trate de comprender porqué motivos deja siempre que sus acciones hablen por él y cuenta lo que ha hecho, rara vez porqué lo ha hecho; si esto es refinamiento para mostrarse tanto más de relieve cuanto más se disimula, ó cálculo político, para no hacer imposible toda reconciliación, ó más bien mag- nanimidad natural, para no abrumar á sus enemigos con la relación de las derrotas de ellos y la apología de las victorias de él!

El interés aumenta cuando, pasando del estudio del hombre al del acontecimiento, se buscan, en las discretas indicaciones de César, las causas y los ca- racteres de las guerras civiles; hasta qué punto, en esas grandes crisis de los Estados, en medio de los resentimientos, de las cóleras, de las esperanzas, de las ilusiones, de todas las pasiones humanas exaltadas hasta el furor, es peligrosa é impotente la moderación;

qué ascendiente tiene aquí la fama; cómo todas las combinaciones de las sociedades humanas, leyes, costumbres, creencias, disciplina, todo cede el puesto á un solo hombre que en un momento dado ocupa el lugar de todo.

También nosotros hemos sufrido la enfermedad que padecía Roma en tiempos de César, y por este punto de semejanza nos tocan tan de cerca las *Memorias* sobre la guerra civil. También nosotros hemos visto desaparecer todo un orden social, y á un hombre substituyendo á todo, el cual desapareció á su vez por haberse creído más fuerte de lo que había restablecido. Si la guerra de las Galias nos interesa como franceses, la guerra civil nos interesa como hijos de la revolución y del imperio.

César, ha dicho Chateaubriand, es el hombre más completo de la historia, porque tiene el triple genio del político, del guerrero y del escritor. Le estudiaremos en este triple aspecto.

Al político, no en todo el transcurso de su vida, puesto que yo no doy un curso de historia, sino en todo lo que sus *Memorias* dejan ver, y que pueda ser penetrado á través de la reserva de sus relatos. No he de buscar á César sino en lo que ha escrito César.

De igual suerte, no es de mi incumbencia todo lo concerniente al guerrero. Hay un César para la gente de guerra, al que me guardaré muy bien de tocar. El César que hemos de estudiar es el guerrero, del que tienen una idea general todos los espíritus cultos, en el que entra más el sentimiento que la ciencia. Así es como, sin ser estrategas, tenemos una idea distinta de Alejandro que de César, de Aníbal que de Escipión, del gran Federico que del Rey de Suecia, de Turena que de Candá. Buscar los rasgos generales bajo los que aparecen á las imaginaciones populares los hombres que la guerra ha hecho grandes; admirar la fuerza con que un solo hombre pone en movimiento tan grandes cuerpos, y como habla Plutarco en la *Vida de César*, se hace de su ejército un cuerpo del que es el alma; cómo á esas masas, á las que permitió ayer el pillaje y la matanza, las hará mañana moderadas y humanas; cómo sabe contenerlas y precipitarlas; con qué lenguaje las calma ó las exalta; ó si tuvo alguna manera constante de hacer la guerra, si tuvo todas las que exigían el lugar, el momento, el género de combate y de enemigos; qué faltas cometió, no de táctica, sino de conducta, y qué parte dejó á la suerte; cómo se mostró en la victoria, y cómo en los reveses; en fin, todo lo que hay del hombre en el guerrero; por este concepto pueden ser juzgados los hombres de guerra en el gabinete ó desde la cátedra del profesor; dentro de estos límites juzgaremos á César, absteniéndonos de todo lo concerniente al arte de la guerra, si es que para los hombres del temple de César haya otro arte de la guerra que no sea la disciplina con un jefe genial, en cuya mano está el medio de ejecutar los planes más diversos, los más inesperados, los más rebeldes á toda teoría.

IV

DE LAS CUALIDADES LITERARIAS DE LAS «MEMORIAS» DE CÉSAR

En cuanto al escritor nos pertenece por completo. El escritor es quien nos revelará al político, á veces hasta queriéndole ocultar; el escritor es quien nos pintará al guerrero en todas las situaciones de la vida militar. En el escritor habremos de estudiar la elocuencia, es decir, la expresión de la verdad propia de todas las partes de la historia, narraciones, descripciones, arengas públicas, opiniones en los consejos, retratos, reflexiones. Algunas de estas cosas están tratadas con perfección; otras solamente están indicadas; indagaremos porqué motivos. Las primeras podrán ser comparadas con modelos análogos de nuestros historiadores militares, y tendremos tal vez ocasión de comparar á César con Napoleón.

En esta apreciación literaria de César tenemos un excelente guía: Cicerón. El juicio que ha formulado sobre los *Comentarios* es exquisito. Tuvo seguramente á la vista alguna bella estatua griega, cuando alababa en aquéllos la desnudez, la pureza y la gracia: *Nudi enim sunt, recti, et venusti.* Y añade: «Nada es más agradable que una concisión correcta y que hace ver todas las cosas». Antes, en el mismo tratado, hace decir á Atico al hablar de la latinidad de César: «De nuestros oradores, César es tal vez el que habla la lengua latina con mayor elegancia; y no lo debe solamente á los hábitos domésticos; no ha llegado á esa admirable perfección sino con estudios diversos y profundos, y con mucho celo y aplicación». Nosotros no haremos más que desarrollar tan hermoso texto. Redunda en eterna honra de Cicerón el que en la violencia de sus relaciones con César, en la incertidumbre de sus sentimientos sobre ese gran hombre, al tener que hablar de los *Comentarios,* viviente y reinante César, no se callara nada por resentimiento, ni nada dijese por adulación, y que un contemporáneo juzgase como la posteridad. Pasaremos ese juicio y compararemos todos sus términos con el asunto, y

trataremos de sentir á nuestra vez esa desnudez pura
y graciosa, esa elegancia, fruto de la educación do·
méstica y del estudio, y esa perfección del arte que
consiste en ocultar al hombre tras el asunto, al autor
tras el hombre.

El estudio de los méritos que se ocultan, por decirlo así, no atrae á todos los espíritus, y no es nada
corriente que se admire un estilo que no habla á los
ojos y á un autor que se esconde. Aquel que ostenta,
en los excesos de su lenguaje, su vanidad, sus ilusiones, sus exageraciones, es á veces más gustado del
público que el que no quiere hacernos ver, en un lenguaje sencillo y sincero, sino lo más puro y más sano
que concibe en un alma emancipada y fortaleci-
da por el estudio y la reflexión. La sencillez, la concisión luminosa, la elegancia no están de moda en
nuestro tiempo, en el que son pocos los escritores que
busquen el secreto de esas cualidades en los estudios
profundos, en el celo y en la aplicación que Atico
alababa en César.

Los jóvenes, sobre todo, son poco sensibles á esas
bellezas, por decirlo así, interiores y secretas. Y no
es esto de hoy solamente: oíganse las quejas de un
hábil comentador del siglo XVI, Vosio, sobre la poca
opinión de la juventud de su tiempo por César: «Es harto cierto—dice—¡oh dolor! que la juventud frecuenta
bastante poco á ese noble y divino autor; ó si algunos
lo tienen en la mano, no lo leen sino por la pureza
del latín, menos cuerdos que esos niños que no gustan
de las hojas del árbol hasta el punto de desdeñar los
frutos.» Esta es todavía hoy la doble suerte de los
Comentarios de César: ó son olvidados por completo,
ó si son leídos, es solamente por su lenguaje y para
alabar su elegancia, de la misma manera que oigo

algunas veces alabar la armonía de Racine. Como si
la elegancia en César y la armonía en Racine, en vez
de ser cualidades aparte y absolutas, no fuesen el
efecto general de un estilo que lo expresa todo con
perfección. Limitarse á la elegancia de César y á la
armonía de Racine, es, no solamente no conocer á
estos divinos autores, es no darse cuenta de la impresión que se recibe. Iremos más lejos: veremos si esa
impresión de elegancia no procede de la reunión de
todas las cualidades del escritor, y analizaremos nuestro placer, á fin de que redunde en ejercicio prove-
choso para nuestro juicio.

Comprendo que en lo que se refiere á la apreciación especial y profunda de la latinidad de César,
haré á menudo lamentar la pérdida del célebre hu-
manista al que sucedo. Los estudios que he hecho me
ponen muy lejos de Burnouf. Filólogo de mérito, gra-
mático popular, traductor hábil, sabía el origen, la
historia y las acepciones de cada palabra, en las dos
lenguas que fueron universales antes que la nuestra,
el griego y el latín. Esta enseñanza de las lenguas
antiguas, cuya disminución rebajaría á nuestro país,
le debe sus mejores métodos. De su modesto auditorio
han salido, fortificados y probados, muchos hábiles
maestros, que le tuvieron sucesivamente por profesor
en los colegios, aquí por maestro de perfeccionamien-
to, allí por juez de las oposiciones en que ganaron el
derecho de enseñar.

Lejos de sentir celos por los recuerdos que ha dejado en esta cátedra, me consolaré de mi insuficiencia
con el pensamiento de que ella mantendrá algunos
sentimientos de gratitud hacia un hombre que prestó
tantos servicios á las cosas que duran. El tiempo,
además, disminuirá aquellas imperfecciones mías que

pueden ser corregidas con el estudio y voluntad. La
cátedra debe formar tanto al profesor como á los
oyentes. Vosotros me ayudaréis si queréis mostrar
opinión por estudios que no gozan del favor de afuera, y si aportáis aquí lo que siempre tendréis la se·
guridad de encontrar en el profesor: ese amor á la
verdad y á la belleza que debe ser, en todas las épocas, el sello de todos los espíritus rectos y de todas
las personas dignas.

HISTORIA DE JULIO CÉSAR ⁽¹⁾

El asunto de este libro, aunque popular, es tan
extenso y tan complejo, y el libro mismo es un trabajo tan grande, que se tiene miedo de no estar sufi-
cientemente preparado para juzgarlo. Lo que me ha
dado la confianza de hablar de él aquí, es que, por
lejos que me remonte en los recuerdos de mi vida
literaria, he sido un curioso de las cosas romanas.
Trabajos escritos, una enseñanza de varios años han
mantenido, sin saciarla, esta curiosidad. La antigua
Roma es un mundo en el que viví bastante tiempo
para conservar el deseo de volver en pos de un guía
que me hiciese ver los mismos hombres y las mismas
cosas más de cerca, y si no me atrevo á tenerme por
un juez competente de cuanto se ha escrito sobre este
asunto, me creo á lo menos uno de los lectores más

(1) A los veinte años del escrito que precede, en un juicio
sobre la *Historia de César*, de Napoleón III, aprecié de nuevo
al que Chateaubriand llamó el más grande hombre de la antigüedad. Doy aquí este trabajo tal como apareció en un principio. Nada indicaba que tuviese tentaciones de introducir en él
ningún cambio. Hasta me he despojado, en este trabajo, del derecho de censura que conservo y ejerzo en todas las reimpresio-
nes de mis obras. Si algunos pasajes que hubiera podido, en una
revisión, aclarar ó abreviar, me dejan escrúpulos de gusto, en
cambio, no tengo ninguno sobre el fondo de las cosas, y no sin
cierta satisfacción me doy cuenta de no haber escrito nada, ni
sobre César, ni sobre su historiador, entonces en el trono, que
no sea la expresión exacta de mi pensamiento.

prevenidos respecto á los que se ejercitan en dicho
asunto, y más dispuestos á admirar á los que en él se
distinguen.

En lo que concierne á César, hace mucho tiempo
que tomé partido por un César que por la grandeza
tiene algunos puntos de semejanza con el que nos
presenta su nuevo historiador. Censuraba á Lucano,
con el derecho que se atribuyen los críticos de re-
prender hasta á los muertos, por haber elegido á
Pompeyo como héroe de su poema, y restituía á César
el carácter y la grandeza de un héroe de epopeya.
Nadie se asombrará de que haya sentido un extremo
placer en leer un libro que habla de esa gran gloria,
en ver de nuevo á todos los personajes de su cortejo,
Pompeyo, Cicerón, Craso, Catón, reapareciendo para
rendir cuentas ante uno de sus jueces naturales; de
que me haya aprovechado al ver mis juicios rectifica-
dos ó confirmados, y puesto todo más en claro y más
en vida, y que así lo diga. Y ahora, aun cuando fuera
cierto que me haya alegrado de ver salir airoso en
una obra tan difícil, y hacerse con ella un nombre de
escritor, al príncipe á quien debo, como francés, mi
parte en las satisfacciones públicas de mi país, como
particular, el restablecimiento de mi hogar y la seguridad de mi trabajo; aun cuando sea cierto que mi
reconocimiento al príncipe no me perjudica respecto
al talento del escritor, no haré ni á mí ni á nadie la
ofensa de defenderme de ello.

I

Antes de abordar la época de César, el autor ha
esbozado, en su primer libro, con el título de *Tiempos
anteriores á César*, una historia de Roma desde su ori-

gen. Busca y hace resaltar en lo pasado, anota y caracteriza todos los hechos que llevaron á Roma de la monarquía á la república, de la república al imperio, y que hicieron necesario á César. No es que haya querido hacer de los seis primeros siglos de Roma un pedestal para su héroe; pero es ciertísimo, y esto constituye á la vez la unidad y la primera belleza de la obra, que, desde los comienzos de Roma y en toda la continuación de su historia, se ve desprenderse y hacerse cada vez más sensible la ley que lleva los destinos de Roma á concluir por el gobierno de uno solo.

En esta primera parte, el historiador de Julio César es de la escuela de Montesquieu. Se ha nutrido de esta enjundia. No hay que asombrarse, pues, si muchos hechos son explicados de la misma manera por Montesquieu y por él. «El medio de llegar á la verdad al escribir la historia, dice, es seguir las reglas de la lógica.» Si entiendo bien la palabra, la lógica es aquí la naturaleza de las cosas, y por ser los dos historiadores de las cosas romanas maestros en el conocimiento de la naturaleza de las cosas, es por lo que conciertan á menudo en la explicación de los mismos hechos.

Montesquieu tiene por naturaleza este conocimiento de las cosas; lo tiene también por la extensión y la profundidad del saber; pero lo tiene, hay que decirlo, con la insuficiencia de la erudición de su tiempo y con los peligros de la especulación. El historiador de Julio César añade las luces de su tiempo y de su condición, su parte de la ciencia general que nos han dado á tanto coste nuestras revoluciones, su experiencia personal de los hombres y de sus móviles. La especulación pura tiene sus sutilezas, sus ardores; no

siempre escapa uno en ella á la tentación de lo ingenioso; esto es una debilidad de Montesquieu; á veces
se recrea en su ingenio, goza con su pensamiento. El
historiador de Julio César pesa y contrasta el suyo.

No hablo de ese suplemento de instrucción que
proporcionan hoy al historiador de las cosas romanas
los trabajos acumulados, desde Montesquieu, por todas las ciencias auxiliares de la historia, filología,
arqueología, geografía, epigrafía. El historiador de
Julio César les ha pedido todos sus secretos. No quería él que le alabasen por esta ventaja; que sea alabado sin embargo, si no por haber podido todo lo que
ha hecho, al menos por haberlo querido.

De esta información más completa sobre las cosas
que Montesquieu y el historiador de Julio César ex-
plican de la misma manera, resulta un grado de precisión más en la explicación última. Hablábase en mi
juventud de uno de nuestros más ilustres sabios que
se dió la tarea de recomenzar los experimentos de sus
predecesores para confirmar su exactitud y para
creer á un mismo tiempo en la fe de los inventores y
en la fe de su propia comprobación. Por un trabajo
del mismo género, el historiador de Julio César se
apropia todo lo que confirma de Montesquieu. Es lo
de Montesquieu comprobado.

A veces lo enmienda. Por ejemplo, Montesquieu,
al hablar de Sila, que fué el primero de los generales
romanos que entró en Roma á mano armada, escribe:
«Sila enseñó á sus generales romanos á violar el asilo
de la libertad». La frase es bella; ¿pero no es una de
esas flores que Montesquieu acusa á Tito Livio de
«arrojar sobre los enormes colosos de la antigüedad?»
¿Porque, qué hay de menos cierto de la Roma en la
que, desde hacía cuarenta años, las votaciones de

leyes eran guerras civiles, y el lugar de los comicios un campo de batalla; en donde los Gracos habían perecido; en donde eran encarcelados y estrangulados Tiberio con trescientos de los suyos, Cayo con tres mil; en donde ya Mario había meditado sus prescripciones y Sila sus represalias? Cuando Sila entró en Roma á mano armada, ya no había libertad que violar; sino que se iban acostumbrando poco á poco á desear que se estableciese una tiranía bastante dueña de sí para moderarse. Lo que Sila enseñó á los romanos, el historiador de Julio César lo dice con expresiva precisión: les enseñó que «Roma estaba de allí en adelante sin defensa contra la audacia de un soldado afortunado». Hay aquí la diferencia de una verdad á una frase.

II

He aquí el punto en que el historiador de Julio César se separa de Montesquieu.

Montesquieu, en Roma, es un romano del antiguo régimen. Su ideal político es la constitución aristocrática en su buen momento, cuando el interés común de la grandeza del país tenía unidos á los nobles y al pueblo, conservando los unos su crédito por sus virtudes, moderando el otro sus pretensiones con su buen sentido. Se ha hecho una primera imagen del Senado, «defendiéndose por su sabiduría, su justicia y el amor que sentía por la Patria.» El día en queesta imagen se altera, en el que es preciso reconocer que ese gran Senado no es más que una oligarquía sin virtudes, se entristece, pierde ánimos y pronuncia la palabra decadencia.

Naturalmente, tiene pocas simpatías por los jefes

del partido popular. En sus *Consideraciones*, los Gracos ni siquiera son nombrados. Aparta la vista para no ver á Mario. Las grandes cualidades de César le han impresionado; pero habla con predilección de lo que llama sus vicios, y, de todos sus actos, no alaba sino su reglamento sobre las monedas y la ley suntuaria. Tiene frases de estimación para sus asesinos, y el gobierno de César le parece «un crimen que no podía ser castigado si no con un asesinato».

Lo que muestra hasta dónde llega su parcialidad por los jefes del partido aristocrático, es que la singularidad de Sila parece atraerle como lo haría la verdadera grandeza.

He hablado dos veces de Sila. Severo, en las *Consideraciones*, para con «los furores de sus triunfos», pero favorable á sus leyes, que juzga muy propias para concluir con los desórdenes que se habían visto», tolera, en el *Diálogo entre Sila y Eucrates*, que Sila se jacte de haber restablecido la libertad romana, y parece salir fiador de esta bravata no haciendo que la refute Eucrates.

Distintos son los juicios del historiador de Julio César sobre estos mismos hombres, porque distinto es su ideal político.

Es en Roma más liberal que republicano, y, si me atreviera á decirlo, más humano que romano. Su ideal político es un gobierno que repare los males que la constitución añorada por Montesquieu ha engendrado ó no ha podido prevenir. Es partidario de todos los que sufren con la impotencia y los excesos de la oligarquía. Está con los italianos contra el duro espíritu que les veda la ciudadanía; con las naciones subyugadas por Roma, contra las violencias y las rapiñas de sus amos; quiere devolver á los campos los

agricultores que la nobleza ha substituído con esclavos; quiere distribuir á los proletarios las tierras del
dominio público para hacer de ellos agricultores. Así
no se apena sino moderadamente por las cosas que
llevaron á Roma cerca de ese ideal, y, aunque admira la maravillosa época de su engrandecimiento por
el patriotismo de los dos partidos, en los momentos
en que Montesquieu deplora la decadencia, él saluda
á una transformación.

De aquí su simpatía por los jefes del partido popular. Pero esta simpatía está exenta de parcialidad.
Si rehabilita á los gracos de la omisión de Montesquieu, si alaba los esfuerzos de aquellos para corregir
las injusticias y reformar los abusos, censura á Tiberio por haber caído en la vana popularidad, y por ser
de los hombres que no apeteciendo sino una reforma,
comienzan á su pesar una revolución. Mario es admi-
rado como gran capitán y alabado por haber sido
«naturalmente inclinado al bien y á la justicia»; pero,
si hay que hablar de la sed de poder que le hizo al
final de su vida cruel é inexorable, el historiador
sabe encontrar las palabras que flagelan. Parcial por
la causa popular, no hace sino justicia benévola á los
que la defienden.

III

Ese período de los Gracos, de Mario y de Sila es
uno de esos en los que se espera á un historiador de
las cosas romanas. Montesquieu no le tocó. ¿Es que le
dió miedo la dificultad? No hay indicios. Estaba dotado de una fuerza de mirada capaz de penetrar en
las más espesas tinieblas. ¿Es que sintió que necesi-
taría tal vez renegar de su ideal y abandonar una

constitución que había ya que violar para defenderla? Sea como fuere, dejó la tarea á otros. El historiador de Julio César ha tratado ese tiempo confuso con visible predilección y se dedicó á llevar á él la luz y la verdad. Esto se concibe. Allí está el escudo de la historia romana; allí se debate y establece lo que se podría llamar la legitimidad de César.

Roma había empleado setenta y dos años en hacerse dueña de Italia; ciento treinta y tres años en conquistar el mundo. Tan prodigioso trabajo la había agotado. A las virtudes de la conquista sucedían los inevitables vicios de la posesión. De la riqueza habían nacido el lujo y la avaricia. Los descendientes de los generales labradores pusieron el arado de sus padres en manos de sus esclavos. El pueblo de las campiñas, desposeído, había afluído á Roma aumentando el populacho. Los esclavos en número inmenso y los libertos en número sin cesar creciente, formaban una nación en la nación. La estrecha ciudad antigua estaba sitiada á la vez por fuerzas materiales y por ideas; por los italianos que, según las vigorosas frases del historiador de Julio César, «se habían cansado de concurrir á la grandeza del imperio sin participar de los derechos de ciudadanos»; por creencias filosóficas y religiones nuevas, por sufrimientos exasperados, por necesidades que no admitían dilación.

En una ciudad en la que todo era facción, incluso el Gobierno, ¿quién podía remediar tan profundo mal? Los dos partidos que se disputaban el poder eran igualmente impotentes para ello.

Faltaba al partido aristocrático el espíritu de sacrificio; al partido popular, un amor del pueblo exento de toda idea de popularidad; á los dos un jefe de genio. No habiendo ni virtudes para consentir una

transacción, ni un jefe de genio para asegurar á la
una ó á la otra causa una victoria duradera, no les
quedaba á los romanos otra cosa que matarse entre
sí en guerras de plaza pública, que todo el mundo podía iniciar y que nadie podía terminar. Mario y Sila
tuvieron la desgracia de ser vencedores alternativamente; añadieron á semejante estado de cosas las
venganzas particulares y la cobardía de los asesina-
tos tras el combate; no se requiere otra prueba de
que ninguno de los dos era un gran hombre.

El cuadro de este lamentable período no está ya
por hacer después del historiador de Julio César. Es
uno de los mejores trozos del libro, en el género,
propio del autor y original, de narraciones rápidas
terminadas por consideraciones que ofrecen la moraleja de aquellas. Explícanse aquí los acontecimientos
por sus verdaderas causas, y algunas de estas causas
son puestas más de relieve mediante comparaciones
tomadas de los tiempos modernos, á la manera de
Montesquieu, y con el mismo propósito inesperado y
concluyente. Las guerras extranjeras, relatadas en
sus puntos principales, son apreciadas por su repercusión en el estado interior de Roma, que ya no pierde menos en las victorias que en las derrotas. Nada,
por lo demás, en esta narración tiene asomos de tesis.
Los hechos no se imponen como argumentos; se desarrollan en una claridad tranquila, y acuden sucesivamente, cada uno á su vez y á su hora, á ofrecer la
doble autoridad de la verdad y de la verosimilitud á
la opinión que ha hecho á César el merecido honor
de llamar misión á lo que él llamaba suerte.

IV

En esta primera parte de su libro, el historiador de Julio César no tendrá contradictores. Los tuvo, los tendrá en la segunda.

No se formulan las reservas ni sobre el saber—este libro es la última palabra de la ciencia histórica sobre César—; ni sobre la narración, en la que la historia se completa tan felizmente con la biografía; ni sobre el estilo, cuya sencillez nerviosa es de tan buen ejemplo en un tiempo en que los escritores prodigan la metáfora: es sobre el papel mismo de César.

En el pensamiento del historiador, César tiene una misión. Lo propio de una misión es que el hombre predestinado que la recibió de la Providencia obre por inspiración más bien que por cálculo. Una mano oculta le conduce hacia los destinos que ignora. Sucede á todo lo que se deja morir; hereda á todo lo que cae en desheredamiento. Tiene una gran causa; la sirve, no se sirve de ella. No hace cometer faltas á sus enemigos; se aprovecha de las que cometen. No ataca, se defiende; no usurpa, ocupa un puesto vacante. Su ambición—porque preciso es que tenga ambición, puesto que es hombre—consiste en estar atento á todas las cosas y estar presto á su fortuna.

Soy de los que, en la fortuna de César, dan mayor lugar á los cálculos, y le quieren igualmente grande con más mezcla. Preciso es, pues, que acepte mi parte de las elocuentes críticas que su historiador dirige á esta opinión.

Yo he creído á César dotado de «la facultad de dirigir á los hombres y las cosas á su voluntad, y de hacer á cada cual, aunque no quiera, cómplice de sus profundos designios»; lo he creído, y me dolería dejar de creerlo.

César, desde su juventud, sueña con el poder como con un objeto de ambición común á todos los jóvenes patricios; nacido en el partido popular, sueña con él como un medio de defender su causa; Sila, á quien le hace sombra desde los diez y seis años, le advierte que debe pensar en aquél como en un medio de defensa personal. En esta carrera, tan peligrosa desde los comienzos, tiene competidores y adversarios. Superior á todos, no ha tardado en medirse, en compararse con cada uno de ellos. Ha visto lo que de ellos podía esperar ó temer. En la vida de lucha á la que está destinado, conocerlos le lleva invenciblemente á utilizarlos.

Pero César no tiene prisa. Sabe aguardar su momento. Es el más joven, tiene delante á consulares: antes de suplantarlos, piensa en igualarlos, y, para igualarlos, los ayuda á subir más arriba.

Tal es el espíritu de la famosa alianza entre Pompeyo, Craso y César, llamada erróneamente, como lo observa el historiador de César, el *primer triunvirato*. La obra no era fácil. Jamás hubo aliados que tuvieran que perdonarse más cosas entre sí. Pompeyo, además de un fondo de amargura contra todo lo que se elevaba, y de ese primer asombro de una persona mayor con poder y crédito que ve muy cerca de alcanzarle á uno más joven, Pompeyo tenía que olvidar una reciente injuria (1). Entre César y Craso había sangre derramada en las proscripciones. César era sobrino de Mario, y Mario había hecho perecer al padre y al hermano de Craso. Entre Craso y Pompeyo

_____

(1) La intriga de César con la mujer de Pompeyo, Mucia. Pompeyo la repudió.

estaban los celos de Craso. La misma alianza no los
había calmado, y César, después de haber censurado
á aquellos dos hombres, hubo de tenerlos ligados uno
á otro, y los dos á él por los intereses, á pesar de los
sentimientos.

La obra salió bien: debería decir la obra maestra,
si miro más á la cosa que á la persona; porque el día
en que, recibiendo socorros de donde menos podía
esperarlos, la causa popular, ayudada por Pompeyo
y Craso, no tuvo ya que temer otros obstáculos que
la tibieza del concurso de aquellos, ese día fué victoriosa, y su defensor amo de Roma.

Lo fué moralmente. Me cuesta mucho trabajo
creer que, llegado á ser, por el triunvirato, cónsul y
gobernador de las Galias, no tuviese la idea de serlo
en realidad. Sin embargo, el historiador de Julio César no quiere que éste pensara en ello, ni aun al salir
del consulado, cuando marchó á tomar posesión de
su gobierno. Para atribuirle una ambición á tan largo plazo, es preciso, dice, suponer que uniese al don
de previsión el don de profecía.

Cierto es que no podía prever ni la muerte de Julio, ni la de Craso, ni el asesinato de Clodio. Pero tal
vez pensó que Julio vivo no era un lazo indisoluble
entre Pompeyo y él, y que Craso, aunque volviese
vencedor de los partos, sería siempre el hombre que
nos presenta el historiador de Julio César, «más propio para servir de instrumento á la elevación de otro
que para elevarse al primer puesto». En cuanto á la
muerte de Clodio, el prever hubiera sido prescencia;
pero prever muertes violentas de magistrados en el
estado de anarquía en que la república había caído,
y la repercusión de estas muertes en toda Italia, era
esperar lo inevitable.

Quisiera también conservar la idea de que César, comprometido en la guerra de las Galias, debió de prever que, durante toda esa guerra, la fortuna le sería fiel. Un hombre como él, llevando contra una nación bárbara un ejército romano y toda la fama del nombre romano, no podía dudar del triunfo. Tenía la fe del hombre de guerra que tiene talento. Tenía la fe del general Bonaparte mostrando á sus soldados Italia como «una tierra prometida». «Hubiera sido muy difícil, dice Montesquieu, que, con cualquier ejército que hubiese mandado, no hubiera sido César vencedor». César hubo de decirse esto mismo.

Tenía además buenas razones para prever que los espíritus en Roma siguiesen favorables á sus designios. Dejaba allí su causa, y esta causa era bastante fuerte por su propia fuerza y por la debilidad de los poderes que se sucedían en el gobierno sin gobernar, para ayudarse á sí mismo, en ausencia de su jefe. Pero César no estaba ausente sino en persona. Estaba presente por las leyes de su consulado, por sus victorias, por sus estancias á las puertas de Roma, por todo lo que á ella enviaba, después de cada campaña, en materia de esperanzas y de temores. «¿Que por qué, escribía Cicerón á Quinto, lugarteniente de César en Bretaña, que por qué os he dado pocos detalles sobre los asuntos públicos? Porque sé que, pequeño ó grande, se escribe todo á César». César lo sabía todo para preverlo todo.

V

No parece que este papel le disminuya. La misión subsiste; solamente que se realiza por el medio humano de la ambición y á costa de sus debilidades. Los tiempos hacen la ambición más ó menos pura. Hay épocas en que se confunde tan por completo con la misión, que desaparece; hay otras en que el mal es tan universal, que llega algo de él hasta á la mano que lo remedia. Tal era la época de César. Lo que hace que su gloria sea tan grande, es que su ambición no se tomó todas las licencias á que le invitaban las costumbres de su tiempo, y que, en un país que se esperaba cada mañana la vuelta de las proscripciones, y que temía en Pompeyo incluso á un Sila, haciendo así juzgar de sus costumbres por sus terrores, llegase, de mercedes en mercedes, de perdones en perdones, hasta hacer posible una conjuración y morir asesinado por mano de sus obligados.

De las dos maneras con que puede explicarse la conducta de ese gran hombre, es bello que la que más honra á su carácter moral tenga por defensor á un jefe de imperio. Solamente aquel de quien proceden tales misiones sabe lo que se mezcla en ella la parte de hombre con las inspiraciones del predestinado; pero creer que no se mezcla nada mezquino es de un gran corazón, y yo felicito á mi tiempo y á mi país de ver en el trono de Francia á un historiador que no admite que se hayan hecho grandes cosas por otros medios que las grandes miras y los grandes sentimientos.

Cuando un Soberano se hace autor, y escribe un libro para sus contemporáneos y los testigos de su reinado, parece que se debe esperar que el autor se muestre en él más que el Soberano, y el Soberano más que el hombre. En la *Historia de Julio César*, lo que más aparece es el hombre, y lo que menos, el autor. El Soberano habla á su país como á un compañero de fortuna y á un amigo. Su libro está lleno de confidencias que honran á ambos. Es raro el ejemplo de un jefe de gobierno que emplea sus descansos en escribir una obra de saber y de estilo; más raro es aún, si no es único, el de un príncipe que, en pleno reinado, en pleno poder, en un libro destinado á durar por el rango y por el talento del escritor, enseñe de qué modo se hacen amar y obedecer los poderes, se comprometa por sus juicios sobre los poderes pasados, y dé derechos sobre él á todas las ideas verdaderas, á todas las esperanzas sensatas, á todos los males reparables.

VI

Entre los elogios que se tributan universalmente al segundo volumen de esta historia, he oído á personas de gusto lamentar lo que la composición deja que desear. Esta observación me ha edificado, me agrada ver que se defienda el arte de la composición, hasta frente á un escritor coronado. Es, en efecto, un gran arte, y un arte francés por excelencia. No hay aquí ni invención arbitraria de retóricos, ni rutina de escuela, como se complacen en decir aquellos á quienes toda regla incomoda: es una de esas conveniencias naturales que preceden á las retóricas y á las escuelas, y que quieren que un libro esté compuesto, como lo quieren en la música la precisión de los acordes, en las artes plásticas la forma y las proporciones. No han sido impuestas al espíritu humano por el genio de

un escritor ó por el capricho de un gran artista: es el
espíritu humano el que las ha impuesto á todos los
artistas y á todos los escritores, como los únicos caminos por los que se llega seguramente á instruirle
y convencerle. De estas conveniencias han salido los
géneros y las reglas propias de cada uno.

Ahora bien; la primera regla de la historia es poner ante los ojos del lector, mezclando los cuadros
con la narración, el conjunto de la vida de un pueblo,
en todas sus grandes manifestaciones internas y ex-
ternas, y presentar las cosas á la vez en su sucesión
y trabazón. El genio de nuestro país, aún más exigen-
te en este punto que los antiguos, ha añadido á estas
conveniencias del espíritu humano particulares delicadezas. Ha dado al historiador una condición tan
expresa del arte de componer, que á la obra histórica
en que falta esta condición parece que le falta la
principal belleza del género. El *Siglo de Luis XIV*, de
Voltaire, es un ejemplo de esto. El capricho que ha
separado de la historia civil y política la historia
militar, y de los acontecimientos generales las parti-
cularidades y las anécdotas, ha hecho relegar á segundo término, por muy buenos jueces, un libro lleno
de bellezas de primer orden.

Si me hubieran preguntado, antes de la publica-
ción del nuevo volumen, lo que pensaría de un plan
en que los hechos militares se contarían y discutirían
en una primera parte, se resumirían y apreciarían en
una segunda, y se pondrían luego sinópticamente,
año por año, con los acontecimientos internos de
Roma, hubiera hecho objeciones. De igual suerte, si
antes de haber leído el *Siglo de Luis XIV* me hubieran preguntado qué sería mejor, si una sucesión de
historias parciales y separadas ó una historia bien

trabada, haciendo que todas las cosas marchasen al
mismo tiempo, con el fácil y majestuoso paso que re-
gulaba al gran Rey, hubiera, sin vacilación, no solamente preferido el segundo método, sino criticado el
primero.

La lectura me ha hecho cambiar de parecer, y
como no me queda, por última impresión, de la *Historia de Julio César*, como del *Siglo de Luis XIV,* sino la
idea de una obra que llena su *objeto*, y que no se vol-
verá á empezar, forzoso me es reconocer que hay en
el genio del escritor penetrado de un gran asunto,
que quiere hacernos ver las cosas y los hombres con
los mismos ojos que él, el secreto de un arte libre y
personal que le lleva más seguramente á su fin, y á
nosotros en pos, que la observancia meticulosa de
ciertas prescripciones de estética.

VII

En la primera parte, que el autor ha titulado *Las
Campañas,* parece haberse propuesto hacer sensible
á todos los lectores lo que Cicerón dijo de los *Comentarios*, «que son como bellos cuadros colocados en una
hermosa luz.»

Lo que quiere sobre todo poner de manifiesto, es
el genio del gran capitán. Emplea todas las ciencias
con que se ayuda el historiador moderno para dilucidar las cuestiones de historia, la filología, la arqueología, la topografía. Por la reunión de todos estos
auxiliares y por el uso que el autor hace de ellos, la
Historia de Julio César marca el punto más elevado
que haya alcanzado en nuestros días la crítica histórica. En donde estas ciencias no suministran al autor
los motivos de decidir y dejan la materia en duda, se

determina por las razones de buen sentido, y por ese largo trato con el hombre que le hace encontrar los pasos de César aun allí en donde el tiempo y la mano de los hombres han borrado las huellas.

Sabios distinguidos le han ayudado en ese gran trabajo, y no deja ignorar al público lo que les debe. Estoy seguro de no disminuirles su parte, ó más bien de expresar su pensamiento, al decir que, además del mérito superior de la ejecución, el historiador de Julio César ha tenido el de inspirar y dirigir las in-vestigaciones, suscitar las dudas fecundas, apelar al azadón de la arqueología allí en donde podía tropezar con algún resto histórico, y no solamente guiar, sino animar á sus auxiliares. Este es el mérito del general que no hace nada sin ejército, pero sin el cual el me-jor ejército no está seguro de la victoria.

Ningún género de aclaración falta á esta parte completamente militar del libro. Las distancias están en él medidas, la relación del tiempo con las distan-cias calculada, las horas contadas, los términos de guerra y de sitio explicados, las armas de ataque y de defensa descritas, los lugares y los movimientos de los ejércitos hechos visibles con mapas y planos y, cuando hay lugar, con dibujos pintorescos, puestos los nombres modernos al lado de los nombres antiguos.

Compréndese el interés que ha de tener para la Francia de hoy un trabajo que sigue paso á paso las marchas de César, é indica con precisión los lugares en donde lo que fué Francia, hace diez y ocho años, luchó contra él. De los recuerdos más ó menos mez-clados de fábulas que nos habían quedado, nació como una especie de orgullo local que ha producido buen número de falsos campamentos de César. Ha habido, en nuestras provincias, antes de la era de la erudi-

ción precisa, una primera arqueología que podría
llamarse arqueología cesariana. Los arqueólogos de
campanario, versados hoy en tantas cosas, no fueron
al principio sino unos curiosos de antigüedades que
se jactaban de haber encontrado alguna huella de
César. Haber sido visitado por César es un título muy
estimado, como lo prueban todas esas memorias de
nuestras academias de provincia para determinar, ya
un campo de batalla, ya el lugar de un *oppidum* galo;
como lo prueban también las recientes controversias
sobre Alisa, á las que no pondrá tal vez un término
el trabajo tan perentorio del historiador de Julio César. Hay, en el fondo de estas discusiones, patriotismo de buena ley. Francia no se muestra, en general,
curiosa de lo que la rebaja. Comprende que haber
resistido durante ocho años al poder romano, llevado
por el más grande hombre de la antigüedad, no des-
acredita á un país que fué en otro tiempo el centro y
el núcleo de Galia, y que debe ser en efecto un título
de honra para una localidad el haber detenido, aunque fuese un solo día, á semejante conquistador.

Acabo de nombrar Alisa. Para dilucidar todas las
cuestiones referentes á este punto, el historiador de
Julio César ha desplegado los mayores recursos. Que
se piense lo que pueden avalorar la fuerza de una de-
mostración técnica y la verdad de una narración,
unas láminas que representan la topografía de Alisa,
el aspecto actual del monte Auxois, los cortes de los
fosos del campo de César, el emplazamiento de sus
torres, las máquinas de defensa que inventó para su-
plir la inferioridad del número. Vense los lugares: de
lector se convierte uno en arqueólogo y casi juez de
las cosas de guerra, por lo menos en espectador im-
presionadísimo de aquellos combates en que Galia,

demasiado tarde unida para el peligro, sucumbe bajo
el genio de un hombre.

¿Se me permitirá decir porqué tengo en esto un
interés particular y personal? Hace veinte años daba
en el colegio de Francia lecciones sobre los *Comentarios* de César. En materia de documentos yo no tenía
más que el mapa de Walkenaer, el plano topográfico
de Alisa por Turpin de Crissé, sus notas de una erudición tan poco segura y tal vez algunas palabras del
duque de Rohan. Nacido en la extrema frontera del
país que ocupaban los mandubianos y cuya principal
ciudad era Alisa, tenía empeño en dejar á mis oyentes un buen recuerdo de mi lección sobre el sitio de
Alisa. Para prepararme fuí á los lugares. Como dipu-
tado por un distrito limítrofe, los arqueólogos de las
dos localidades se sirvieron acompañarme. Recorri-
mos el campo de batalla. Con mi César en la mano
explicaba el texto; todos lo comentaban. Nadie dudaba de que Alisa Sainte-Reine fuese la Alesia de César.
Observábamos, sí, algunas ligeras diferencias entre
las descripciones de César y el estado presente de los
lugares; pero nuestro patriotismo local no se turbaba
por tan poco. En todo caso, estábamos bien seguros
de haber encontrado la explicación. Perfectamente
satisfecho aporté á mi cátedra toda aquella ciencia
adquirida en los lugares, y como mejor pude, ayudán-
dome con la palabra para explicar y con la acción
para describir, conté el sitio con todos sus incidentes.
Preciso es que pida perdón á mis oyentes de entonces, si algunos de ellos leen esto. Que vayan á ente-
rarse del verdadero sitio á la *Historia de Julio César,*
y que dejándome á mí solo la confusión, compartan
conmigo el placer que he tenido al ver mis planos
por los suelos, y en el lugar de mis herejías en topo-

grafía militar, la verdad tal como brota del saber y de la competencia. No se consuela uno de haberse engañado así si no con el recuerdo del trabajo que se tomó para tener razón, y sobre todo, con el provecho que saca de la verdad un espíritu sincero, aun cuando aquella le contradiga.

La narración de las *Campañas* no era una dificultad pequeña en una historia de Julio César. ¿Cómo relatar después de él sus expediciones, á menos de traducirle? Pero traducir, aunque la tarea no sea indigna de nadie, no es, sin embargo, la labor de un Emperador escritor. El pensamiento completamente militar de esta parte ha sugerido al autor la única especie de narración que conviniese. Trátase menos, en efecto, de narrar las expediciones que de explicarlas. El autor abrevia, pues, los detalles que no sirven á su propósito, desarrolla los que le sirven, conserva las grandes líneas, traduce, con la «concisión luminosa» del original, los pasajes cuya mejor aclaración era dejar la palabra al gran capitán. El historiador de Julio César no ha pretendido dispensarnos de leerle. Ha querido más bien ayudarnos á leerle más de cerca. Siéntese además en estas narraciones, mezcladas con discusiones, el talento del narrador, sin el que no hay historiador, y del que este segundo volumen nos ofrece un acabado modelo; es el relato de la campaña de Craso contra los partos.

Los amigos de las letras antiguas no serán los últimos en apreciar la ayuda que recibe, de aclaraciones tan abundantes y variadas, la explicación de las *Memorias* de César. En este concepto, este gran trabajo de crítica histórica es un servicio prestado á nuestros modestos estudios. Espero, á despecho de las nuevas opiniones que quieren echar de nuestros liceos la antigüedad clásica, á despecho del respeto humano que la defiende tan débilmente, espero que todavía no está cercano el tiempo en que se hagan estudios liberales sin latín, y latín sin César. Por la sencillez del estilo y la pureza del lenguaje, los *Comentarios* son un libro único para los latinistas de todos grados, y el que los escribió tiene la gloria, que no previó, de ser en el mundo moderno el preceptor más popular de la sociedad ilustrada. Pero esta sencillez y esta pureza, que encantan á los espíritus maduros, escapan á los jóvenes, sobre todo en las épocas en que se oyen alabar los tropos y glorificar la metáfora. Es una fortuna que una explicación rejuvenecida por la ciencia y el talento les haga más interesante un libro que tan importante es que tengan en las manos. Entre los elogios que le valdrá la *Historia de Julio César*, no puede ser indiferente al augusto padre del príncipe imperial el que, gracias á él, nuestros hijos toman más interés por los *Comentarios* de César y les cuesta menos el latín.

VIII

En el libro IV, bajo el título de *Acontecimientos*, la segunda parte del libro resume las ocho campañas de las Galias, aprecia su importancia política y moral, y las relaciona sinópticamente, año por año, con los acontecimientos interiores de Roma.

Si este trabajo de relación no fuese la obra sincera de un autor que trata á fondo su asunto, diría que el arte de la apologética nunca fué llevado tan lejos. Nada era más propio para hacer valer la causa y la persona de César. Aparece y brilla, como en dos escenarios distintos, en Galia, por las grandes cosas que realiza; en Roma, por el vacío que causa su ausencia.

El efecto es grande; no ha costado ningún esfuerzo, ni requerido ningún artificio. El libro no da á César sino el puesto que tiene en la historia. Lo característico de la apologética es sentir el alegato; ¿y cuál es el alegato que no hincha las cosas y no engrandece al cliente? Una convicción lentamente formada, bien diferente de la convicción improvisada del abogado, es el alma de este libro, y el historiador no ha alabado á César sino en la manera con que César quería ser alabado, por sus acciones.

He citado el relato de la campaña y del sitio de Alisa como el trozo capital de la primera parte; digno de él es el trozo en que esta expedición se resume en la segunda.

En páginas salientes, en las que los mismos rasgos sirven para resumir y pintar, el autor aprecia esta campaña que «ofrece—dice—al historiador el emocionante espectáculo de pueblos hasta entonces divididos, uniéndose en un mismo pensamiento nacional y armándose para reconquistar su independencia»; al filósofo, «el triunfo de la civilización contra los esfuerzos mejor combinados y más heroicos de la barbarie»; al soldado, «el magnífico ejemplo de lo que pueden la energía y la ciencia de la guerra en un reducido número y en lucha contra masas sin organización ni disciplina». Se ven sucesivamente esbozarse aprisa, bajo la presión del extremo peligro, á la voz de un hombre superior, aquella confederación que no sobrevivirá á sus primeros reveses; el peligro que hace correr á César la unión de veinte pueblos en un solo ejército mandado por un joven capitán, al que solamente César podía impedir que se convirtiese en

un gran capitán; el fracaso del jefe romano ante Ger-
govia; la situación de aquellas seis legiones «encerra-
das en su campo, aisladas en medio de un país suble-
vado, separadas de todo socorro por ríos y montañas,
inmóviles, sin embargo, é inquebrantables, frente á
un enemigo victorioso que no se atreve á proseguir
su victoria»; en este apuro, los recursos del genio de
César atravesando el país enemigo para reunirse, á
más de cien leguas de allí, á orillas del Yonne, con su
lugarteniente Labieno, «entonces fiel todavía»; por su
parte, y como engrandeciéndose en la escuela de uno
más grande que él, Vercingetorix, del Océano al Ró-
dano, «comunicando á todos los corazones el sagrado
fuego que le inflama, y desde el monte Beuvray (cerca de Autun), como centro, haciendo irradiar su acción hasta los confines de Galia»; los combates, un
momento suspendidos, reanudándose con nuevo en-
carnizamiento; Vercingetorix derrotado, viendo á los
hombres que le quedan pedir socorro por toda Galia,
y encerrándose él en Alisa, en donde César le sitia,
sitiado pronto á su vez por los 80.000 hombres que
defienden la ciudad y por 250.000 hombres del ejército de socorro; los prodigios de valor de una parte y
de otra, con la ventaja, del lado de los romanos, del
genio de la disciplina y de la fortuna; en fin, la lucha
suprema en que la espada de César deshace la confederación y en la que sucumbe la independencia de
Galia.

En este pasaje admirable, las razones de que se
sirve el historiador para explicar los hechos ilustran
á un mismo tiempo lo pasado y lo presente. ¿De dónde
nació la confederación gala? De la opresión extranjera, «que forma las nacionalidades mucho más que la
comunidad de ideas y de intereses». El valiente joven

que la suscitó y que la dirige, Vercingetorix, es uno
de esos jefes «como nunca deja de aparecer cuando
estalla un movimiento nacional». Si fracasa «es porque ni al hombre más eminente le es dable crear en
un día un ejército, ni á la insurrección popular más
general formar de repente una nación»; es, además,
porque Galia no tiene infantería que oponer al general romano; porque «la organización militar refleja
siempre el estado de la sociedad, y en donde no hay
pueblo, no hay infantería».

Este carácter completamente moderno de reflexiones da una singular belleza al pasaje siguiente, en el
que el historiador deduce la enseñanza de esta campaña famosa y de los ocho años de la guerra de las
Galias.

«Este sitio—dice—tan memorable desde el punto
de vista militar, lo es mucho más todavía desde el punto de vista histórico. Junto á ese ribazo, tan árido hoy,
del monte Auxois, se han decidido los destinos del
mundo. En esas llanuras fértiles, sobre esas colinas
ahora silenciosas, cerca de cuatrocientos mil hombres
han combatido, los unos por espíritu de conquista,
los otros por espíritu de independencia; pero ninguno
de ellos tenía conciencia de la obra que el destino le
hacía realizar. Toda la causa de la civilización estaba en juego.

»La derrota de César hubiera detenido por mucho
tiempo la marcha de la dominación romana, de esa
dominación que, á través de oleadas de sangre, cierto es, llevaba á los pueblos á un porvenir mejor. Los
galos, ebrios con su triunfo, hubieran llamado en su
ayuda á todos los pueblos que buscaban el sol para
crearse una Patria, y todos juntos se hubiesen preci-
pitado sobre Italia. Este foco de luz, destinado á ilu-

minar los pueblos, hubiera sido destruído antes de
haber podido desarrollar su fuerza de expansión.
Roma, por su parte, hubiera perdido el único jefe
capaz de contener su decadencia, de reconstituir la
república y de legarle, al morir, tres siglos de exis-
tencia.

»Así, aunque honrando la memoria de Vercingetorix, no podemos deplorar su derrota. Admiremos el
amor sincero de ese jefe galo por la independencia de
su país; pero no olvidemos que nuestra civilización
se debe al triunfo de las armas romanas. Instituciones, costumbres, lenguaje, todo nos viene de la conquista. Somos más bien los hijos de los vencedores
que de los vencidos, porque, durante largos años, los
primeros han sido nuestros maestros en todo lo que
eleva el alma y embellece la vida, y cuando por fin
la invasión de los bárbaros vino á derribar el antiguo
edificio romano, no pudo destruir los cimientos. Aquellas hordas salvajes no hicieron sino asolar el territorio, sin poder aniquilar los principios de derecho,
de justicia, de libertad, que, profundamente arraiga-
dos, sobrevivieron por su propia vitalidad, como esas
mieses que, momentáneamente holladas por el paso
de los soldados, no tardan en enderezarse por sí mismas y recobran vida. En este terreno así preparado
por la civilización romana, la idea cristiana pudo fácilmente implantarse y regenerar al mundo.

»La victoria alcanzada en Alisa fué, pues, uno de
esos acontecimientos que deciden del destino de los
pueblos.»

X

En el mismo año de 702, mientras que César acababa de concluir con Galia bajo los muros de Alisa, ¿qué ocurría en el interior de Roma?

Clodio era asesinado.

Con los restos de los bancos del Senado, con sus mesas y sus registros, le formaban una hoguera, cuyas llamas reducían á cenizas la curia Hostilia y la basílica Porcia. La casa de su asesino, Milón, era amenazada con el incendio, y el mismo Milón, echado de la tribuna por los partidarios de Clodio, escapaba en un tris, disfrazado de esclavo, por en medio de sus gladiadores asesinados en montón con todos los ciudadanos ó extranjeros, que se distinguían por la riqueza de sus vestiduras ó sus anillos de oro.

Pompeyo, declarado único cónsul, dictaba leyes de las que él se exceptuaba. Corrupción peor que las violencias de la plaza pública, y que le ha valido este apóstrofe por parte de Tácito: «Pompeyo autor y violador de sus leyes». En cuanto á la clase gobernante, he aquí un rasgo que pinta sus costumbres. Escipión, suegro de Pompeyo, y convertido en su compañero de consulado, á pesar del descrédito de una acusación de intriga, blasonando de severidad para rescatar la sospecha, devolvió á la censura el poder casi sin límites que ejercía en lo pasado. Llegado el momento de nombrar censor, eran tan numerosos en el Senado los miembros expuestos á verse echados por actos que caían bajo la jurisdicción censorial, que nadie quiso el puesto por los odios que iban á atraer al censor tantas expulsiones.

Gracias al orden que, en este resumen, pone las

expediciones del año 702 á continuación de los acontecimientos internos, al salir de motines sangrientos y
de hipocresías legislativas, y como impacientes por
respirar un aire puro, somos llevados de nuevo de
Roma á Galia, para ver realizarse allí grandes cosas
con grandes abnegaciones. Y el efecto del procedi-
miento es disponernos, sin darnos cuenta, á compartir la opinión del historiador, cuando en una última
parte, en forma de conclusión, justifica brillantemente el golpe de audacia y de genio con el que César se
hizo dueño del gobierno de su país.

XI

Si de hechos, tales como los expone y los explica
el historiador, resulta:

Que un cambio brusco era la única salida de la
anarquía en que Roma había caído;

Que el único hombre capaz de gobernar la república no podía estar seguro ni de su libertad, ni de
su vida;

Que la provocación á la guerra civil fué el hecho,
no de César, sino del partido aristocrático y de su
jefe Pompeyo;

Que César tenía á su favor el derecho y la mayoría;

Si, digo, estas cosas están probadas, la causa de
César está ganada, y el cambio que sustituyó el imperio á la república toma su verdadero nombre de
revolución necesaria.

¿Es cierto, en primer término, que en el año 704
fuese un cambio el único camino de salvación para
Roma? No hay duda posible. El reinado de la violen-

cia no había empezado el año en que pereció Clodio;
continuaba agravándose. Desde la marcha de César
á las Galias, el Foro no fué sino un campo de bata-
llas, en que los competidores se disputaban las magistraturas con tropas regulares de partidarios ó esclavos armados, y en donde, según la vigorosa expresión del historiador, «todo el mundo tenía en el interior un ejército, excepto la república».

El año mismo en que sale de Roma (696), Clodio
reina; con esto se dice todo. Clodio atacaba á todo,
incluso á los que cometieron la imprudencia de ele-
varle, arrebatado á la vez por una turbulencia natural y por la peor de las ambiciones, el amor de la
popularidad en un patricio que se ha hecho plebeyo.

Al año siguiente (697), el llamamiento de Cicerón
ponía en lucha, en un combate en regla, á los partidarios de Cicerón, capitaneados por Milón, y á los
gladiadores á sueldo de Clodio, jefe de banda después
de haber dejado de ser tribuno. Pompeyo tuvo su toga
llena de sangre. «Los cadáveres—dice Cicerón—lle-
naron el Tiber y las sentinas, y fué necesario lavar
con esponjas la sangre que manchaba el Foro.»

Las luchas continúan en 698; y, como para borrar
hasta la última probabilidad del regreso del orden,
los partidos logran enemistar á los hombres cuyo
acuerdo era el único recurso de la república, desde
que las leyes ya no obligaban á nadie. Pompeyo llega
á desconfiar de Cicerón; despiértanse las antiguas
enemistades entre Pompeyo y Craso. La entrevista en
el cuartel de invierno de César, en Lucas, á principios de 699, los reconcilia á los tres. Pompeyo y Craso son nombrados cónsules; pero, ante sus haces impotentes, la sangre corre para la elección de ediles.
Pompeyo recibe las salpicaduras, y su toga, una vez

más ensangrentada, es llevada á su mujer, que del susto aborta.

En 700, si no hay motín, ni sangre vertida, hay el escándalo público de un contrato escrito, por el que los candidatos al consulado compraban el apoyo de los cónsules en ejercicio con la promesa de hacerles obtener, á su salida del cargo, las provincias que desearan, y, en caso de incumplimiento, á pagarles 400.000 sextercios. El año concluyó sin elecciones. No se encontraba ya más que un medio de librarse de comicios sangrientos: el no celebrar ninguno.

Agradó á Pompeyo que los hubiera el año siguiente. Ambicionaba presidirlos; Catón se opuso, y Pompeyo no insistió. Aquí se tiene el espíritu de su política. No se atrevía á ser dictador y lo preparaba todo para la dictadura.

Se ha visto, en las primeras páginas de este estudio, lo que ocurría en Roma en el año 702.

Al año siguiente, si el orden reina en el Foro, no es porque haya en Roma un poder capaz de mantenerlo; es que no hay nadie que tenga interés en turbarlo.

En el año 704 empieza una especie de sitio regular de la posición de César. Toda la política del partido gobernante es tratar de substraerse á la fortuna de aquél.

En esta ruina de la cosa pública, Catón, dice el historiador de Julio César, hallaba motivos para censurar á todos, «tal vez porque todo el mundo era censurable». Yo me atrevería á quitar el *tal vez* y á ver en ese «todo el mundo» al mismo César, harto interesado, para no ser algo cómplice, en un estado de perturbación al que solamente él podía poner término. Por lo menos lo estaba por los amigos que tenía en

Roma, y los cuales, sin duda, no creían perjudicarse al quebrantar el gobierno en las manos de los enemigos de César. Sin contar que, entre sus amigos, había algunos que estaban notoriamente á sueldo de él, tales como los tribunos Antonio y Curio, quienes, al salir de Roma en el año 704 para ir á reunírsele, parecieron llevarle las mismas leyes del país, violadas en sus personas, y dieron á su empresa el carácter de una revolución legal (1). César había, pues, ayudado con sus manos á las ruinas que debía reparar. Hago esta observación, no solamente porque la creo cierta, sino por un sentimiento de orgullo hacia mi propio país, salvado, hace sesenta y siete años, por un gran hombre puro de todo el mal que había reducido á Francia á la necesidad de ser salvada».

XII

De que en aquella Roma, en donde el partido dominante, demasiado débil para gobernar, era bastante fuerte para perjudicarle, César, al volver de las Galias, corriese el riesgo de la libertad y de la vida, hay numerosas pruebas. ¿Quiere saberse lo que pensaba Catón, y con Catón todo el partido aristocrático, de aquellas victorias del año 700, que rechazaron al otro lado del Rhin á las hordas germanas? El pueblo quería que se diesen gracias á los dioses; Catón pedía que se entregase el jefe romano á los bárbaros,

---

(1) Es una prueba de imparcialidad, en la predilección del historiador de Julio César por ese gran hombre, no solamente haber recordado el hecho de esta compra, sino haber investigado porqué medios podía César subvenir á tales gastos. «Su principal recurso, dice, era el producto de 500.000 esclavos de guerra, galos, germanos ó bretones, cuya cifra puede ser calculada en 95.000.000 de francos.»

el vencedor á los vencidos. Acogíanse con fruición las falsas noticias de sus pretendidos fracasos. Algunos cónsules, burlándose de las actas de su consulado, hacían dar de vergazos á unos colonos que por las leyes de César gozaban del derecho de ciudadanía. Una acusación capital le esperaba á la llegada, si volvía á Roma desarmado y como simple particular, y ya, al decir de Suetonio, le preparaban, como á Milón, un tribunal rodeado de hombres armados, no aparentemente para protegerle contra la violencia, sino para permitir á sus jueces condenarle con seguridad.

Provocado por tantos malquereres, cuando todo le invitaba á atacar para defenderse, ¿fué el verdadero instigador de la guerra civil?

Cualquier designio que se le atribuya, sea que ambicionase un segundo consulado para proseguir en él, dentro del círculo legal, las obras del primero, sea que aspirase á más, la paz le servía. A la verdad, la guerra le servía también; pero la guerra tiene sus quiebras. Las había sufrido en Galia contra enemigos á los que Roma calificaba de bárbaros; ¿qué sería en una lucha de romanos contra romanos? No podía encontrarse en todas partes, y algunos de sus lugartenientes habían sido derrotados. Teniéndolo todo en cuenta, no teniendo ya necesidad de la guerra para adquirir un renombre militar, debía de preferir la paz por ofrecerle más ventajas, cosa menos peligrosa.

No le ocurría lo mismo á Pompeyo. La paz no le dejaba sino las malas probabilidades. No podía querer la paz.

Cuando César le propuso dimitir los dos, si Pompeyo lo hubiese aceptado, helos aquí entrando ambos

en Roma sin ejército; Pompeyo, desconsiderado por
la impotencia de sus dos últimos consulados; César,
rodeado por todo el esplendor que sus victorias habían puesto en el suyo; el uno, obligado á tomar al
día siguiente el camino de España en donde le llamaba su proconsulado y á abdicar, por decirlo así, en el
interior; el otro, apoderándose legalmente de Roma,
primero como candidato al consulado, después como
cónsul; Pompeyo, sin apoyo en el pueblo y llevado
por una oligarquía que se servía y desconfiaba de él;
César, amado por el pueblo y jefe de un partido que
le obedecía. La situación de Pompeyo era la derrota
antes de la guerra. El historiador de Julio César ha
resumido esto enérgicamente. «Pompeyo—dice—estaba obligado á desear la guerra civil; César estaba
obligado á hacerla».

¿Cómo no la hubiera querido Pompeyo? Por ade-
lantado se creía vencedor. ¿No se había jactado de
no tener que hacer más que golpear con el pie en el
suelo de Italia para hacer que salieran legiones? La
misma vanidad cegaba á su partido. «Es maravilloso
—escribía Cicerón—el furor que se había apoderado,
no solamente de los malos, sino de los llamados buenos. Ardían en deseos de combatir, á despecho de
que les gritaba en vano que no hay nada peor que la
guerra civil». En aquel momento César ocupaba Rí-
mini, Pesaro, Ancona, y los pompeyanos acababan
de salir de Roma. Tres años después, cuando todo estaba consumado, Cicerón escribía á Varrón, un sabio
y un discreto á quien el gusto de la erudición y el
amor de los libros habían preservado de sus perturbaciones, cuando no de sus tristezas: «No sé, á la
verdad, lo que tendría que censurar en todo esto, si
no es el origen mismo de las cosas. Todo dependía

entonces de la voluntad de los hombres. He visto á
nuestros amigos invocar la guerra con todos sus votos y á César desearla menos que temerla».

Debían de desear la guerra aquellos á quienes,
después del fracaso de César en Dyrrachio, se vió
«olvidar los accidentes tan comunes en la guerra, y
alegres, como si no tuviesen que temer ningún cambio de la suerte, anunciar por cartas y por mensajes
u victoria á todo el universo». Son los mismos que
en la víspera de la batalla de Farsalia se disputan la
sucesión de César y los bienes de sus amigos, desig-
nan los cónsules para los años siguientes, y «en vez
de ocuparse en los medios de vencer, no piensan sino
en lo que harán de la victoria». La creían tan segura,
que después de la batalla se encontraron en su campo, dispuestas para recibirlos como triunfadores, mesas de tres lechos, servicios de plata, tiendas cubier-
tas de fresco césped y adornadas con hiedra, «demos-
trando—dicen los *Comentarios*—, con la exquisitez de
aquel lujo frívolo, lo poco que dudaban del triunfo».
Gentes así infatuadas carecían tiempo ha del poder
de ser justas.

XIII

Tampoco el derecho estaba de su parte. Este es un
punto que discute, en algunas páginas tan nuevas
como concluyentes, el historiador de Julio César. Se
ha hecho la luz en una cuestión que parecía obscura
hasta á Cicerón.

Según la antigua ley, el mando de César hubiera
debido expirar con el año 704. El Senado, en donde
contaba con tantos enemigos, no había de olvidar
aquel término. Desde los primeros meses del año,

proponían el nombrarle un sucesor. Sin embargo, terminado el año 704, y comenzado el siguiente, César
permanecía aún al frente de su ejército. Es que el uso
había cambiado para él. Si es cierto que la antigua
ley le llamaba á Roma, un plebiscito, hecho á petición de los tribunos, y apoyado por Pompeyo y Cicerón, le permitía aspirar al consulado á pesar de estar
ausente. Ahora, debiendo celebrarse los comicios en
el mes de Julio de 705, ó bien aquel permiso de aspirar al consulado, aunque ausente, no significaba
nada, ó quería decir que, del mes de Enero al mes de
Julio, en el tiempo que duraba legalmente la candidatura, César estaba autorizado á permanecer en su
provincia; ¿y cómo quedarse en ella sino al frente de
su ejército? Así es como lo entendía Cicerón, cuando
viendo á César reivindicar el beneficio del plebiscito,
escribía á Atico: «Conceder á César esa facultad, era
otorgarle al mismo tiempo el derecho de conservar
su provincia y su ejército». A lo que añade: «Es preciso reconocerle un beneficio que le ha sido conferido
por la ley, ó hacerle la guerra».

Se la hacían con ilegalidades antes de hacérsela
con las armas. Desde el año 703, se requería á los
cónsules designados que plantearan, al posesionarse
del cargo, la cuestión del reemplazo de César; al Senado, que deliberase sobre el caso, con urgencia,
hasta los días vedados; á los tribunos, que no usaran
de su derecho de intercesión, bajo pena de ser declarados enemigos de la república. Violaban las leyes
favorables á César; no se cumplían las leyes desfavorables á Pompeyo. Así, habiendo decretado el Senado el licenciamiento simultáneo de los ejércitos de
César y Pompeyo, los cónsules se negaron á ejecutarlo, por no quitar el suyo á Pompeyo. Y uno de ellos,

pareciéndole más expeditivo prescindir de la ley que violarla, fué en persona, sin *senatus-consultus* ni plebiscito, á ordenar á Pompeyo que levara tropas y velase por el bien de la república.

Con el derecho que procede de la ley, César tenía la fuerza moral que viene de la mayoría. En Roma todos los bienes de su primer consulado y todo lo que se esperaba del segundo hablaban abiertamente á su favor. Fuera de Roma su popularidad era inmensa. Puede verse por la acogida que le hicieron las villas municipales á su primer regreso de Galia subyugada, en aquellas puertas recubiertas de follaje, aquellos arcos de triunfo, aquella afluencia de mujeres y de niños en los templos, aquellas víctimas inmoladas, aquellas mesas puestas, aquellos ricos y aquellos pobres rivalizando los unos en magnificencia, los otros en solicitud. En los mismos momentos en que el Senado le declaraba enemigo público, «tiene, escribía con despecho Cicerón, once legiones, toda la caballería que quiera, la Galia traspadana, el populacho urbano, todos los tribunos, toda la juventud corrompida». Seis años antes, contestando á los que se oponían á una prolongación de su mando, dijo Cicerón: «Los que no amen, si es que los hay, á César, no tienen ningún interés en traerle de su provincia, porque es traerle á la gloria, al triunfo, á las felicitaciones, al rango supremo en el Senado, al reconocimiento de la orden ecuestre, al amor del pueblo». De la misma popularidad se trata en las dos épocas; pero, según la declaración de Cicerón, en 697, era la de un gran hombre; en 704, es la de un faccioso.

Pero no siempre había faltado á César la mayoría del Senado: pruébalo el que por dos veces, en 703 y 704, fué rechazada la proposición de relevo. No hay que deducir que esa mayoría fuese suya como el pueblo de Roma y de Italia. Eran suyos algunos días en el Senado, el buen sentido y el espíritu político; no lo era el fondo de los corazones. Las asambleas no gustan de los grandes capitanes, y tal vez no les falta razón. El Senado, menos que en complacerle, pensaba en no darle motivos para justificadas quejas; queríase evitar el incomodarle, sin favorecerle. El fondo de los corazones se mostró el día en que la proposición de Curión: «Pompeyo y César deben desarmar ambos», fué aprobada por 370 votos contra 22. Pero todas las cosas de entonces se inclinaban de tal manera de su lado, que todo voto que no fuera para Pompeyo era necesariamente para César.

Tales son los puntos que trata, en los tres últimos capítulos de este libro, el historiador de Julio César, ó más bien tales son las verdades históricas que demuestra con una abundancia y una selección de pruebas, una fuerza de razón y una elevación de lenguaje que ponen de su parte á todos los espíritus desinteresados. La impresión que queda, es que el acto de César al apoderarse de la dictadura, en vez de ser una usurpación, es un acto de legítima defensa, una reparación de las leyes violadas en la persona de los tribunos y en la suya. Y este acto parece tan necesario, que se comparte la enérgica convicción del historiador diciendo que «negar á la sociedad romana en disolución el amo que reclamaba, á la Italia oprimida un defensor de sus derechos, al mundo inclinado bajo el yugo un salvador, hubiera sido, no un acto de abnegación, sino una deserción ante el enemigo».

La empresa de César es, en la antigüedad, el más memorable ejemplo de esas dictaduras populares en que, si se me permite citar lo que escribía hace algunos años, «ya por cansancio, ya por temor de la anarquía, un pueblo se da un jefe para salir del abismo ó para no caer en él. Sin duda este jefe es designado por su genio é impuesto por su resolución á la elección del pueblo; pero al apoderarse de la dictadura, no toma sino lo que le ofrecen. Es una nación agobiada que deposita todos sus poderes en manos de un gran hombre. Estas manos están dispuestas, cierto es, á recibirlos, pero no reciben sino lo que la nación pone en ellas».

XIV

Respecto al acto patriótico por el que César se hizo dueño del gobierno de su país, no me cuesta trabajo compartir la opinión de su historiador. Es, fortificada con nuevas razones, la que profesaba hace años en la cátedra de Elocuencia latina del colegio de Francia. He hablado del placer que experimenta un espíritu sincero al verse corregido por uno más hábil: el verse justificado y confirmado es tal vez un placer más delicado todavía. Se me perdonará que no sea indiferente á él.

Pero si, respecto á César, abundo en el sentido de su historiador, y si no vacilo en pasar tras él el Rubicón, me atrevo á no aceptar todo su juicio sobre Cicerón, y, verdades ó prejuicios, trataré de dar las razones.

Hay dos maneras de ser severos con los personajes históricos: la una, es serlo hasta la injusticia; la otra, es tener demasiada razón contra ellos. Tal es el género de severidad del que el historiador de César me parece usar respecto á Cicerón.

Harto cierto es que Cicerón da materia para ello con las contradicciones de su vida pública.

Empieza por apoyar todas las proposiciones favorables á César. Con su aprobación, en 647, después de la guerra de los belgas, el Senado vota quince días de acciones de gracias á los dioses, cinco días más que para Mario por su victoria sobre los cimbrios y que para Pompeyo por la guerra de Mitrídates. Cuando César obtiene diez lugartenientes, un subsidio para el sueldo de cuatro legiones, no solamente Cicerón opina en este sentido, sino que impugna á los contradictores y pone mano en la redacción de los decretos. En el año 700, cuando de senador bien dispuesto á favor de César, ha pasado á ser uno de sus amigos personales, ¡qué protestas de amistad, cuántas alabanzas halagadoras, qué abundancia de gratitud para los «procedimientos memorables y verdaderamente divinos» de César para con él! ¡Qué enumeraciones de las cualidades «eminentes y maravillosas» del vencedor de las Galias! Sin contar un poema compuesto en su honor y afortunadamente perdido, y todo lo que un hombre de una imaginación viva pueda complacerse en jactarse de una amistad ilustre.

No faltaban personas que, habiendo conocido sus primeros sentimientos respecto de César, sospechaban tal vez algo oculto en su nueva amistad. ¡Con qué ingenuidad les declara que «aferrarse en sus sentimientos no es de hombre sensato; que, por su cuenta, ha leído, aprendido y reconocido en los escritores, y por el ejemplo de los hombres más sabios y más célebres, que se deben tomar las opiniones con arreglo á la diversidad de las circunstancias y al bien de la paz!». Entre César y él, estréchanse de día en día los lazos por la reciprocidad de los servicios. Y, en este cambio, el que más recibe, es Cicerón. Reedifica su casa con dinero que le presta César. César tiene puestos y mercedes para todos los que le recomienda Cicerón; y es doloroso ver á este último glorificarse, como de un homenaje á su gloria, de ese crédito que le molestará algún día como una falta (1).

En el transcurso de la dictadura, no acepta los ofrecimientos de César (2), pero se deja buscar por sus amigos. No tiene ninguno más íntimo. Se trata de escribir al dictador; elige, entre todos los géneros de protestas, la única tal vez que le hubiera dispensado César, ya demasiado dueño de todo, y demasiado hombre de espíritu para no comprender la dignidad y no perdonar la libertad de lo sentido. «Yo no estoy ya, dice, para escuchar á los grandes que me aconsejan que busque en la oposición alguna ocasión de gloria. En vano murmuran á mi oído estas palabras de Hector:

«No moriré cobardemente y sin gloria, sino después de alguna grande hazaña de que hable la posteridad.»

«Dejemos estar las grandes frases de Homero. Yo me atengo á esta máxima de Eurípides, que es la buena.»

«Odio al prudente que no sabe serlo para sí mismo.»

La frialdad de las citas aumenta la inoportunidad de una declaración que no le pedían.

A fines del año 709, César, á su vuelta de España, le hace una visita en su casa cerca de Puzolles. Le sirven una suntuosa comida. Como convidado que ha

---

(1) No olvidemos, sin embargo, que todo esto pasó en los tiempos de la unión más estrecha entre César y Pompeyo.

(2) Pensó, sin embargo, pedirle una legación en Grecia para ir á vigilar en Atenas la educación de su hijo.

tomado un vomitivo por la mañana, nos dice Cicerón,
César come y bebe con alegría. El anfitrión y el invitado compiten en frases amables. ¿Por qué esa visita
y por qué esa invitación? Me temo que la una no fué
inopinada y que la otra fué demasiado solícita.

Pasado algún tiempo de esto, Cicerón, en la mora-
da misma de César, de la que á su vez era huésped,
pronunciaba un discurso para el rey Dejotarers, en
el que se lee este elogio del dictador: «Te dejas fácilmente aplacar, César, y es suficiente que te aplaquen
una vez. Ninguno de los que han recibido tu perdón,
ha sentido que te quedase sombra alguna de rencor..
Contigo no hemos conocido los ordinarios efectos de
las guerras civiles. Eres el único cuya victoria no ha
costado la vida á nadie fuera del campo de batalla.
Nada vulgar te afea. Tu piedad no necesita ser soli-
citada con discursos. Sale al encuentro de los supli-
cantes y de los miserables».

Sin embargo, en el mes de Marzo del año siguiente, la misma pluma que acababa de trazar tan hermoso elogio de César vivo, escribía de César cobardemente asesinado: «Me temo, Atico, que estos idus de
Marzo no nos hayan dado sino la alegría del odio satisfecho». Y al mismo: «El árbol ha sido cortado, y
no desarraigado». Y á Casio: «Nos hemos librado de
un rey, no de un reinado. Matamos al rey, y respeta-
mos todas las voluntades regias». Y estas horribles
palabras que contristarán para siempre á todos los
amantes de Cicerón: «¡No haberme invitado al festín
de los idus de Marzo!»; repetidas con esta agravante:
«¡Cómo hubiera querido ser invitado á ese hermoso
festín de los idus de Marzo!» (1).

_____

(1) A Trebonio, uno de los asesinos. (*Ad.*, Fam. X, 28.)

Comprendo que al ver esta serie de protestas concluir con la expresión de un sentimiento tan salvaje,
un admirador de César experimente una de esas in-
dignaciones que predisponen mal para ser justo; y en
cuanto á mí, que me atrevo á tomar la defensa de
Cicerón, en ese pasaje de su vida no sé hacer otra
cosa que bajar la cabeza.

XV

Explícase, además, que Cicerón no gana con ser
tratado por los hombres que tienen la carga y el genio
del gobierno.

El trato con los puramente literatos le es más favorable. Cuanto más le conocen, más indulgentes se
muestran. Y mientras que á los ojos del hombre que
manda á los otros, los defectos de César toman las
proporciones de dificultades de gobierno, á los ojos
del literato que no busca en los libros sino los placeres del espíritu y la ciencia general del corazón humano, esos defectos no son más que debilidades, nacidas las unas de su situación, acompañamiento tal
vez inevitable las otras de sus grandes cualidades.

Según que tenga por juez un gran político ó un
mero literato, esos defectos toman nombres diferen-
tes; y hasta en aquellos que, para todo el mundo, no
tienen más que un nombre, el literato busca y cree
encontrar circunstancias atenuantes.

Véase la vanidad como ejemplo. No parece nada
fácil atenuar la vanidad de Cicerón. Es proverbial.
Hacíale molesto, hasta para sus amigos, ¡cuánto más
para sus enemigos!, y exponía á una tan grande inteligencia á la burla, cosa peor que el odio. ¿No es este
el peligro de tantos hombres distinguidos, por el que

se creen menos festejados por lo que valen que por lo
que creen valer? Hay que fijarse. La vanidad de César no es otra cosa que una excesiva inclinación á
felicitarse de lo bueno que hace y el exceso del buen
testimonio que se formula una conciencia honrada.
Su vanidad no procede tanto de la idea que tiene de
su inteligencia como de la opinión que se forma de
sus acciones. No es que Cicerón estimara en poco su
inteligencia. Basta y sobra para probar lo contrario
aquel verso, que chocaba tanto á Pompeyo, á lo que
se dice, en el que pone la toga por encima de la espada y la elocuencia sobre los laureles militares (1).
Pero esa vanidad no se manifiesta sino en ciertos
arranques, y es en él tan humana que no le hace injusto, ni envidioso, ni avaro de alabanzas para los
grandes talentos oratorios del tiempo presente y del
pasado.

Su verdadera vanidad, el flaco y á la vez el resorte de su vida, es el ser un buen ciudadano. ¿Qué pide
á Luceyo, en aquella carta famosa en que le solicita
que escriba su historia (la de César) y, «puesto que
se ha bebido toda la vergüenza», dice con gracia, que
diga un poco más de lo que él piensa, para gozar en
vida de la pequeña gloria *(gloriola)* que ha merecido?
¿Es el elogio de sus talentos de orador ó de escritor?
No. Lo que quiere, lo explica; es la historia de su
consulado, es Roma salvada de Catilina. Perdonémos-
le una debilidad que más bien le ha servido que per-
judicado. En un tiempo en que los cuerdos se burla-
ban de los dioses de los antepasados, en que la moral
más que una regla era una especulación de la inteligencia que no obligaba á nada, la vanidad misma, á

_____

(1)   *Cedant arma togae,*
         concedat laurea linguae.

falta de un superior principio de conducta, podía ser
una luz para la conciencia. Parece que tuvo este carácter en Cicerón. Por lo menos surtió sus buenos
efectos. Mientras que se afana en alabarse, compromete su reputación en la realización de cosas lauda-
bles. A fuerza de amar la gloria, se consagra con más
ardor á lo que constituye la verdadera. Tal vez también, por un sentimiento secreto de su debilidad, bus-
caba hasta en su vanidad una fuerza contra sí mismo,
y, como los que, sorprendidos por la noche, cantan
para tranquilizarse, quizá se daba valor al admirarse.

Otra debilidad tuvo Cicerón que le impidió ser re-
sueltamente de su partido, y hasta en algunos momentos de su parecer, y que hizo que, no ligándose con
nadie, pareciese que iba del uno al otro por interés.
El hombre de gobierno llamará á esta debilidad,
versatilidad. Porque ¿cuál otra palabra sino versátil
se aplica mejor á un personaje que no sabe ser ni
amigo ni enemigo; casi cortesano de Pompeyo y de
César en su presencia, y bajo la seducción de sus
amabilidades, y, en cuanto está lejos de ellos, su juez
más severo; que los alaba en público y los denigra en
privado; el huésped del uno y el convidado del otro,
y no entregándose sino para recobrarse?

El literato considera lo que le dice esta conducta
ambigua, y poco á poco Cicerón le parece más bien
irresoluto que versátil. En efecto, la idea de versatilidad es inseparable de la idea de un interés presente
y cotizable. El hombre versátil es aquel prudente de
La Fontaine que grita, según los tiempos:

«¡Viva el Rey, viva la liga!», ó ese político que,
según la frase inglesa, se muda de casaca y al que se
ve al día siguiente de la derrota de su partido ergui-
do en medio del partido vencedor. ¿Es esta la verda-

dera imagen de Cicerón? Vencido Pompeyo, ¿qué
saca de la victoria de César? Pensó un día en pedirle
una legación libre en Grecia para ir á cuidar en Atenas de la educación de su hijo. En el momento de ir á
hablar de esto se encuentra con que hay que esperar
mucho tiempo una audiencia de César y renuncia á
ello. El tiempo de la dictadura es el tiempo de su mayor fecundidad literaria. De 708 á 710 y hasta los
primeros meses del año que vió el asesinato de César,
las obras se suceden unas á otras. Cuando interrumpe sus trabajos, cuya diversidad, cuya libertad y
cuya gracia acusan una fuerza de alma tan grande,
es para solicitar de César el indulto de un desterrado
y para hacer que el crédito de civismo que le otorga
el dictador sirva para la salvación de algún vencido
de las guerras civiles. En cuanto á sí mismo, si no
tiene la virtud de callarse los ofrecimientos que le
hacen (1), tienen por lo menos la de rehusarlos, y
muestra un placer amargo en considerarse más rele-
gado de lo que está. «Estoy muerto, soy hombre
muerto desde hace mucho tiempo—escribe á Atico
(Marzo del 709)—; por esto busco la soledad».

Los espíritus versátiles no tienen tales tristezas
generosas; es la enfermedad de las personas honradas irresolutas. Nadie la padeció tanto como Cicerón,
porque ningún hombre honrado fué más irresoluto.
Busco de qué manera pudo no serlo, ó en qué es culpable de haberlo sido. Tenía en contra suya hasta su
extrema penetración y lo que podría llamarse su exceso de luces; porque, sobre todo, el haber visto demasiado bien es lo que le impidió obrar. Salvo esos

---

(1)   No hay nada apetecible que César no me haya ofrecido
espontáneamente, dice.

móviles misteriosos que permanecen ocultos hasta
para aquellos á los que hacen moverse y que, descu-
biertos un día por la filosofía de la historia, se nos
muestran como la huella del dedo de Dios en las cosas
humanas, no sé lo que Cicerón ignoró ó no vió de
los hombres y de las cosas de su tiempo. Tanto los
defectos de sus amigos como los méritos de sus enemigos, no tuvieron testigo más sagaz. Nos ayuda
hasta descubrir lo que se le escapó, y sus mismas prevenciones nos sirven también de una especie de luz.
Dudo de que ningún hombre haya poseído en más alto
grado ese don de la clarividencia, esa facultad de la
mirada interior, como le dice Luceyo, con la que pe-
netraba en las cosas más ocultas y atravesaba tinieblas, en cuyo fondo le ocurrió más de una vez entre-
ver, como término de su vida, la muerte violenta.
Don admirable, con tal de que las luces sean los
guías de la voluntad y que el mismo hombre que sabe
ver sea capaz de obrar.

Cicerón no fué ese hombre. Es de un partido y le
falta la única cosa por la que un hombre de partido
es activo y consistente: carece de espíritu de partido.
Ama la gloria, no gusta de la acción, cuya recompen-
sa es aquélla. Por la fatalidad de los tiempos en que
vivió no había puesto para otra clase de acción que
la guerra, y el primero entre los hombres de acción
no podía ser sino un jefe de ejército. Ahora bien; Cicerón, que era en esto el menos romano de sus contemporáneos, no tenía ni los talentos ni el carácter de
un hombre de guerra. Lo fué un día en su proconsulado de Cilicia; pero tan poco, que su misma vanidad
no se dejó engañar y tuvo el buen sentido de no buscar en un mando militar sino la ilustración de las virtudes civiles. Entre César y Pompeyo, Cicerón no es

más que un abogado entre gentes de espada: *inter ar-
matos togatus*. Incapaz de mandar, demasiado ilustre
para ser mandado, y á falta de una espada victoriosa, no siendo ni siquiera el tercero, ¿qué otra cosa
iba á hacer que oscilar entre Pompeyo y César, alternativamente atraído hacia el primero por sus opiniones, hacia el segundo por sus luces, y después de haber contribuído á la fortuna de ambos con la idea de
que los igualaba al elevarlos, retirarse de ellos sucesivamente, con la tacha de ser infiel, sin que le hicie-
sen el honor de considerarle como enemigo?

He dicho cuánto le hizo sufrir esa irresolución;
sus cartas á Atico, de Enero á Junio de 707, lo acusan lamentablemente. Los que no admiten más que
una sola manera de cumplir con lo que juzgan el
deber, la manera de los héroes, la manera corneliana,
tienen una buena ocasión de compadecerse de las
luchas, de las vacilaciones, de las contradicciones de
Cicerón, de la prolongada angustia de ese hombre que
se levanta y luego cae, que á medida que el deber se
acerca trata de no verle, lo discute, lo niega, rebaja
los motivos, quiere persuadirse de que es un engaño;
que establece una especie de registro por partida
doble de los servicios que ha prestado á Pompeyo y
de los que de él ha recibido; que discute su deuda y
se esfuerza en creer que Pompeyo es su deudor. Este
es en efecto Cicerón, pero no todo Cicerón. Hay otro
muy distinto, como hay otra manera menos heróica,
más humana de cumplir con el deber, que es como
una victoria lenta, intermitente, con retrocesos de la
conciencia sobre el instinto de conservación. Ese Cicerón, más digno de querer que de admirar, al que se
le compadece, al que no se condena, que hace un momento trataba de engañarse sobre su deber, de ocul-

társele, de substraerse á él, ahora le abraza como un
refugio, siente la vergüenza de sus vacilaciones, pide
á su gloria pasada, á sus libros, á los ejemplos de los
grandes hombres, á su pluma socorros y luces para
elegir entre lo honrado, que está tan claro, y lo útil,
que está tan confuso, y finalmente, termina la lucha
por la buena resolución, y hace lo mismo que los héroes, sin la ayuda de las fuerzas naturales que, desde
luego y con un primer empuje, llevan á aquéllos á los
actos heroicos.

XVI

El carácter de Cicerón ofrece un postrer rasgo,
que, según el punto de vista en que uno se coloque,
puede llamarse con dos palabras igualmente justas.
Es su actitud ante el peligro.

El hombre de gobierno no vacilará en calificar de
pusilanimidad el desfallecimiento del gran orador, el
día en que defendiendo á Milón ante un tribunal que
Pompeyo había hecho rodear de gente armada, se
turba, se azora, y, faltándole el ánimo del abogado,
pierde el proceso de su defendido. La misma palabra
no parecerá demasiado severa para caracterizar, ya
el golpe de mano clandestino de Cicerón, que apro-
vechándose de la ausencia de Clodio va al Capitolio
á romper las tablas en que estaban grabadas las actas de este tribuno; ya, después del paso del Rubicón, cuando el Senado distribuye los puestos de defensa entre los diversos proconsulares, la elección que
hace el antiguo procónsul de Cilicia de las costas de
Nápoles, como el punto más alejado de César y el
más cercano al mar por donde podía escapar.

Sin embargo, aun en estos actos, en los que el

hombre de gobierno puede tener tan justificadamente
á Cicerón por pusilánime, el literato no le encontrará
más que tímido. Si, en la defensa de Milón, vacila su
palabra, no es solamente porque le asuste la novedad
de un tribunal actuando bajo la protección de la espada, sino porque tiene motivos para dudar de que la
protección le sea más favorable que el motín. Cuando
va á hacer pedazos los registros del tribunado de
Clodio, éste no ha muerto, está solamente ausente.
Vuelve en efecto, se queja, puede pensarse con qué
tono, y Cicerón le contesta que ha roto su acta como
contraria á las leyes que vedan el tribunado á los
patricios; y si fué tímido al dar el golpe en ausencia
de Clodio, es animoso al mantener su acción, estando
Clodio presente. En fin, en lo de la elección de las
costas de Nápoles, ¿por qué no he de creer lo que
dice á su queridísimo secretario Tirón, «que si se ha
hecho dar el puesto de la Campania, es por ser el
menos importante y desde el cual sus cartas y ex-
hortaciones podían hacer más efecto en César?» ¿Vale
más creer que trata de engañar á su secretario respecto á su pusilanimidad?

No hay pusilanimidad, no hay ni siquiera timidez,
en su marcha á Grecia, cuando César, al volver de
Bríndisi á Roma, le solicitó en persona que se quedea-
ra en Italia, y aunque á los ojos de tal solicitante un
ruego rechazado pudiese parecer un acto de hostili-
dad. Y cuando dos años después, al pedir á César el
indulto de Ligario, le decía: «La guerra había empezado, César; estaba casi terminada, cuando, por un
libre movimiento de mi voluntad, fuí á unirme con
los que estaban en armas contra ti;» estas hermosas
palabras son de un hombre que no tenía que acordar-
se de haber tenido miedo, ni que se expusiera á ser

contradicho. La prueba de que no era pusilánime, es que no lo pareció, ni aun después de sus largas vaci-laciones, á aquellos con quienes se fué á unir. Testigo Catón, que, al verle llegar al campo de Pompeyo, le dijo que hubiera hecho mejor en permanecer en Italia y acomodarse á los acontecimientos; que allí hubiera sido más útil á su Patria y á sus amigos y que no te-nía razón al hacerse enemigo de César y compañero de peligros de Pompeyo.

No hablo de lo que fué el acto más valeroso de su vida: su muerte. No hago la apología de Ciceron; creo además que, en esas luchas supremas como aquella en que se encontró, y en donde la muerte violenta está suspendida sobre la cabeza de todos los comba-tientes, puede haber un género de valor más raro y más meritorio en defender la vida que en entregarla, como la víctima del sacrificio, al hierro de un asesino político.

XVII

Para el hombre de letras que no toma partido en estas luchas, y que se complace indistintamente en el trato de estos grandes personajes, como otros tantos tipos ilustres de la naturaleza humana, hay una cosa que recomienda particularmente la memoria de Ci-cerón: es el que por él conocemos los mejores aspec-tos de César. De los historiadores que han hablado de este gran hombre, unos, como Salustio, no nos han dicho todo lo que sabían. Otros, como Velayo Patércu-lo, por la manera como han creido glorificarle, no han hecho más que rebajarse á sí propios; ó, como Sue-tonio, le acomodan al gusto de los curiosos del escán-dalo y le quitan la aureola. Sus grandes cualidades no han tenido juez más inteligente, espectador más impresionado que Cicerón.

¿Por quién, si no por Cicerón, hemos aprendido, desde el colegio, y para no olvidarlo nunca, que á falta de sus ríos y montañas, Italia podía tener por barreras las victorias de César en las Galias; que, bajo su administración, los pueblos aliados eran plena y verdaderamente libres; que era humano y tenía horror de la sangre; que gustaba singularmente de los espíritus distinguidos; que llevaba á las competencias civiles, con una nobleza sin igual, el amor de la gloria y un alma grande? Quitad á Cicerón, y he aquí que César pierde la ocasión de mostrar hasta qué punto era sensible á la elocuencia, y cuánto hubo de gustar el placer de perdonar el día en que, oyendo al gran orador, que intercedía por Ligario, se le ve, en un magnífico pasaje sobre la batalla de Farsalia, turbarse, cambiar de color y dejar caer de sus temblonas manos los papeles que condenaban á Ligario.

A los grandes rasgos del carácter de César sumábase un rasgo particular, el más humano de todos y el menos romano: tenía atractivo. No cuesta trabajo creerlo de un escritor que tiene tanto gusto. ¡Y qué gusto! El mismo Cicerón no lo tuvo tan fino. Es á la vez un don de la naturaleza en el hombre de genio, y un fruto de la educación en el patricio. La *excellens nobilitas* del descendiente de Venus entra por mucho. Lo que un tal gusto es á la inteligencia, el atractivo lo es al carácter, y no es sorprendente que los dos dones se encontraran en el mismo hombre. Pero si lo sabemos, es gracias á Cicerón, que más que otro alguno de sus contemporáneos sintió el encanto de César, y que fué el único en hablar de ello. Encontró, para caracterizarlo, una palabra exquisita, nueva de

acepción, como lo fué, en tiempo de Racine, la palabra *encantos (charmes)*, el día en que ese gran poeta
lo puso atrevidamente en boca de Roxana al hablar
de Bayaceto; es la palabra *suavis*. La repite en varios
lugares. Se complace en la palabra, porque ha sido
tomada por la cosa. Así termina, bajo su pluma delicada, el retrato de César. En ese rostro fino, severo
y fatigado que nos representa la estatuaria, Cicerón
ha puesto gracia.

Ese mérito de haber pintado tan bien á César, aun
temiéndole, y sentido el encanto del hombre, tal vez
sin amarle, esa imparcialidad ingenua del observa-
dor y del pintor en medio de la turbación casi conti-
nua de las prevenciones contradictorias del amigo ó
del adversario político, no ha contribuído en poco
á hacerme querer á Cicerón. Si es un error de juicio,
no tengo miedo de que me perjudique á los ojos del
historiador que acaba de justificar tan brillantemente
la admiración del mundo por César. Aun distinguien-
do los genios, las obras y las causas, he colocado
siempre juntos, en la región serena de las cosas del
espíritu, á esos dos hombres, gloria de su tiempo y
honra de la naturaleza humana; y pido al historiador de Julio César que ponga la memoria de Cicerón
bajo la protección de estas hermosas palabras, con
las que principia el libro IV: «Algunos escritores á
quienes la gloria irrita, se complacen en rebajarle.
Parece que quieren rectificar el juicio de los pasados
siglos. Preferimos confirmarla diciendo porqué la fama
de ciertos hombres ha llenado el mundo». Lo que el
historiador dice con tanta justicia á favor de César,
todos los amigos de la antigüedad y la verdad lo ten-
drán por dicho á favor de César y de Cicerón.

XVIII

Salvo estas reservas sobre Cicerón soy, en todo lo demás, del mismo parecer que el autor de la *Historia de César*, y le tributo el homenaje de esta conformidad como la única manera de poder alabarle. No sé decir nada mejor de un libro sino que me ha proporcionado el placer de ver aclarado todo lo que yo había sospechado, expresado todo lo que yo había pensado. Aventuré un día delante de Chateaubriand esta definición del escritor de talento: «Es—decía—el que dice lo que todo el mundo piensa.» Chateaubriand se sirvió no parecerle mala mi definición.

La *Historia de Julio César* no necesita que se recuerde entre qué preocupaciones y en los descansos de qué vida ha sido compuesta. Hay que relacionarla con la grandeza de los trabajos de los que ha sido noble distracción. Es el libro de un autor que quiere ser juzgado por lo que vale su obra, y si la autoridad práctica de ciertas máximas de gobierno, la elevación habitual de los puntos de vista, algunas confidencias escapadas de un corazón demasiado lleno, no acusaran la pluma de la que ha salido, el autor haría olvidar al soberano. Por mi parte, lo he leído como literato, como la obra de uno de los primeros entre los míos, y como literato le admiro por el lustre que ha dado á la literatura de mi tiempo y de mi país.

Como obra de erudición, ningún libro responde mejor á todas las condiciones de la crítica histórica. Todo él está tomado en las fuentes. Nada hay de segunda mano. Nada tampoco sobra en él; buen ejemplo para los eruditos, que se aprovechan á veces del deber de ser completos para ser largos. Este libro tan

científico es al mismo tiempo una obra de arte por las
proporciones, el interés, por ese género de amenida-
des severas y esa marcha dramática que deseamos
hasta en una obra de razonamiento, y de lo que ninguna materia dispensa al escritor que quiere ser leído.
Prevenido como estoy, por los modelos severos, se
comprenderá fácilmente que haya saboreado, por la
autoridad que de él reciben nuestras antiguas reglas,
la nerviosa sencillez del estilo, la ausencia de rebus-
camientos, que es menos de un escritor que los desde-
ña que de un pensador que los ignora; en fin, ese lenguaje de los buenos autores en que las imágenes no
son sino el último grado de la propiedad y de lo
exacto.

Visto del lado político, es un libro lleno de lecciones para los gobiernos que quieren vivir. Les enseña,
con el detalle profundizado y el cuadro expresivo de
las causas que minaban al gobierno aristocrático de
Roma, que no hay que ser tercos ni tenaces, que es
preciso saber desconfiar de las más respetables tradiciones el día en que se transforman en abusos; que
hay que conservar lo que de ellas tenga vida y romper con lo que está caduco; ver de lejos en el hori-
zonte los nuevos intereses, y llegado el momento, hacerles puesto al sol; que hay que convencerse, en fin,
de que en medio de las ideas que cambian, de las costumbres que se renuevan, de los sufrimientos y de las
esperanzas que trabajan á las sociedades humanas,
un gobierno está obligado á no envejecer. Cosa muy
notable; este libro, que parece una apología de César,
es tal vez el libro que indica con más sinceridad y
precisión lo que hubiera habido que hacer para inuti-
lizar su dictadura y para encerrar su grandeza en el
círculo legal de la constitución de un país. Este es el

sello de superior imparcialidad con que está marcada
la *Historia de Julio César*. Si tiene palabras de admiración apasionada por los hombres, grandes entre
todos, á los que la Providencia confiere la tutela de
las sociedades á las que malos gobiernos han llevado
á los abismos, toda la parte política no es sino una
larga enseñanza de los medios para no hacer necesaria esa tutela. Ni revolución, ni dictadura, sino el estudio continuo y la práctica resuelta del verdadero
progreso, entre las impaciencias que excita y las seducciones que ejerce el progreso falso; tal es el espíritu de esta hermosa obra, y por esto pasa á ocupar
uno de los primeros puestos al lado de lo que se ha
escrito duradero sobre las cosas romanas para enseñanza del mundo moderno.

II

SALUSTIO

SUMARIO

I. — Diferencias particulares entre César y Salustio, en cuanto
á la condición del historiador y el asunto.

II. — Diferencias en la ejecución.

III. — Salustio es el primer historiador profesional de los latinos.

IV. — De la vida y del carácter de Salustio.

V. — Que los más grandes escritores son los hombres más honrados.

Al dejar á César por Salustio se pasa de la forma más sencilla de la historia á su forma más complicada, de las memorias á la historia propiamente dicha.

Las obras históricas son de tres clases, con relación á la condición del historiador:

O bien el historiador ha desempeñado un papel en los acontecimientos que relata y escribe lo que ha hecho;

O bien no ha figurado en ellos sino como testigo y expresa sus impresiones más bien que contar sus acciones;

O bien, en fin, se han realizado esos acontecimientos antes de que él hubiera nacido, y remontándose con la imaginación es como se constituye en testigo de ellos y recibe las impresiones que se graban en sus narraciones.

Por un privilegio que no tuvo nación alguna,

Roma poseyó escritores eminentes en estas tres condiciones, grandes modelos en estos tres géneros de
historia. Porque ¡qué más grande actor que César en
los acontecimientos que refiere! ¿Qué testigo más inteligente que Salustio, más vehemente que Tácito en
la parte de sus escritos, en que se relatan acontecimientos contemporáneos; Salustio, la conjuración de
Catilina; Tácito, aquellos reinados, de los que no recibió—dice—ni bien ni mal? ¿Qué autor más impresionado por la grandeza del pasado romano, más presente en aquellos siete siglos empleados en conquistar
el mundo y en fundar un gobierno libre, qué testigo
más fiel de los tiempos en que no vivió que Tito
Livio?

Esto es decir poco; cada uno de estos grandes historiadores ha reunido dos condiciones y ha sobresalido en dos géneros. César, al relatar el desastre de
Cicerón en Africa por los informes de algún oficial
escapado á la espada de los númidas, se encuentra
tan presente por la fuerza de sus impresiones, como
en los mismos acontecimientos á los que asiste, y que
dirige ó suscita algunas veces en persona. Salustio, al
escribir la historia de Jugurta, se transporta al medio
de acontecimientos anteriores en más de veinte años
á la época de su nacimiento, es tan testigo de ellos
como de la conjuración de Catilina que vió estallar
cuando tenía veintitrés años. Tácito, nacido el mismo
año en que Nerón subía al trono, á fin de que el cas-
tigo naciese el mismo día que el crimen, Tácito, testigo casi del reinado de ese príncipe, casi actor en los
reinados contemporáneos, desde Galba hasta Vespa-
siano, no respira menos penosamente bajo el reinado
de Tiberio, muerto diez y siete años antes de que naciera Tácito, que bajo el de Domiciano, del que fué

contemporáneo y del que hubo de recibir honores que
confesó casi como una falta.

Hemos apreciado el primero, al que Tácito llama
summus auctorum, al más grande de los autores, tal
vez porque ningún autor lo ha sido menos. El orden
de los tiempos nos conduce al segundo, á Salustio, el
cual escribió su obra entre las *Memorias* de César y la
Historia de Tito Livio.

I

DIFERENCIAS PARTICULARES ENTRE CÉSAR Y SALUSTIO,
EN CUANTO Á LA CONDICIÓN DEL HISTORIADOR Y AL
ASUNTO.

Es este un estudio completamente nuevo. Entre
César y Salustio todo es diferente, condición de escritores, asunto, método, lenguaje. Pero por una admirable propiedad del espíritu humano, tanto como por
el privilegio del género histórico, son dos formas diversas de la misma perfección.

César cuenta lo que ha hecho. He aquí una primera diferencia entre Salustio y él. El autor de las *Memorias* es el protagonista de ellas. Ya sabéis qué protagonista y con qué maravilloso arte deja que sus
actos relaten su gloria. ¿Pero por qué hablar de arte?
¿Por qué suponer ese refinamiento de complacencia
para sí mismo? César hacía las grandes cosas, no por
esfuerzos cuyo conocimiento halagaba á su orgullo,
sino naturalmente y porque lo grande estaba al al-
cance de su mano. ¿Por qué se había de glorificar de
ello? El hacerlo no le producía mayor asombro que el
que puedan sentir las gentes por sus actos diarios,

y su grandeza era tan seguida y tan semejante á
sí misma en todos los momentos, que no teniendo ningún intervalo en que estuviese por bajo de él, no podía hacerse valer, porque no tenía ocasión de compararse.

Admiro tanto más su sencillez cuanto que al escribir sus *Memorias* para hacerse á la vez simpático
y temible á los romanos, podía sentir tentaciones de
mostrarles en la fortuna de él la parte de su voluntad,
y de hacerles, por decirlo así, los honores de su gloria personal. No es que desdeñara las seducciones,
pero no empleó sino las que le eran naturales, y recogió el fruto, no como un ambicioso satisfecho de
haberse apoderado de la multitud con un señuelo gro-
sero, sino como el efecto previsto de una causa natural. Su modestia fué una de sus seducciones. Es esta
una gracia común á las dos cosas más grandes de
este mundo, el talento y la virtud. Iba á decir que es
su sello más seguro; porque el talento, como la virtud, no es otra cosa que la naturalidad mayor, y la
necesidad de hacerse valer ó de rendirse testimonio
ante los otros es lo contrario de la naturalidad, por
lo que en ello hay de servilismo y de imitación.

Pero esta misma reserva acrecienta su grandeza.
Porque á pesar de la modestia que ponga en guardar
el secreto de sus resoluciones y de sus recursos, cuando se le ve, en la guerra de las Galias, llevar ante él
aquellas masas belicosas, trazar los caminos de la
provincia romana en un territorio habitado por treinta naciones, desviar los ríos, franquear en invierno
montañas al través de la nieve, y, por un mismo trabajo, sitiar á un ejército de ochenta mil hombres,
mientras que se protege contra un ejército exterior
de cuatrocientos sesenta mil, siéntese uno más incli-

nado á sospechar algo maravilloso en esta historia
que á encontrar bastante grande al que la realizó.
Además, César no refiere sino hechos de guerra.
Sus descripciones son puramente topográficas; y si
entra en algunos detalles sobre las costumbres de las
naciones que combate, se limita á lo que de ellas tuvo
que saber antes de meterse en su territorio. Las pasiones que pinta, á grandes rasgos, no con el detalle
del historiador moralista, son las pasiones nacidas
del estado de guerra. Trátase de los móviles que
arrastran á los ejércitos: aquí, el ardor de la conquista; allí, el amor de la independencia; aquí, la fuerza
invencible de la disciplina; allí, el impulso desorde-
nado de las masas sacudidas entre dos jefes rivales;
las desgracias anejas á la temeridad; las desconfianzas del soldado; los pánicos; los efectos tan contrarios del arrebato y de la paciencia; en fin, todo lo
que afecta á la parte moral de esas grandes masas.
Mayor puesto se da á la técnica de la guerra, lo que
no significa un conjunto de reglas á las que César
esté sujeto, sino más bien los innumerables recursos
que le proporcionaba su genio activo y fecundo y
cuyo ejemplo ha formado reglas. He aquí porqué los
Comentarios de César son principalmente un libro
para las gentes de guerra, y las *Historias* de Salustio
son más un objeto de estudio civil, si puedo hablar
así; aunque no se necesite más que un poco de aten-
ción para reconocer en los *Comentarios,* puntualizado
con mano firme y ejercitada, todo lo que puede inte-
resar en una historia general.

II

DIFERENCIAS ENTRE CÉSAR Y SALUSTIO EN CUANTO Á LA EJECUCIÓN

César no ha trazado caracteres. Trata á sus adversarios como á él. Deja que los actos los retraten. Los deja caracterizar por lo que han hecho. Dar retratos estudiados, á la manera de Salustio y de Tácito, tan grandes pintores de caracteres, hubiera sido un medio de hacerse valer por comparación: lo desdeñó; ó tuvo una tentación de ser parcial y tenía empeño en ser creído. Ni siquiera hizo una excepción con Vercingetorix, aquel jefe joven auvernés, que reunió bajo su bandera á los treinta pueblos de Galia y que tuvo la gloria de derrotar á César. Unas cuantas palabras sobre su edad, su rango y su fama es todo lo que de él dicen los *Comentarios*. *Summae potentiae adolescens*, era un joven muy poderoso en su país. Pero la imparcialidad de la palabra *adolescens* acrecienta lo maravilloso de los esfuerzos de aquel joven, ¿qué digo?, de aquel niño, á quien la Galia confió su independencia. El retrato está hecho y terminado con las acciones mismas de Vercingetorix, y cada triunfo como cada revés añade un rasgo á aquella fisonomía tan enérgica y tan noble. En su energía, algunas veces cruel; en su paciencia y en sus arranques á un mismo tiempo; en la viveza de aquellas breves arengas que enardecían á Galia, enfriada y recelosa por los fracasos, se reconoce á uno de los antepasados de aquellos jóvenes generales de fines del siglo último, á quienes la presencia del extranjero hacía hombres de guerra y hombres de Estado.

César no es menos reservado respecto á Pompeyo
que respecto á Vercingetorix. También por sus actos
se retrata el jefe de la aristocracia romana. En la
narración de su huida á Bríndisi, se revela la indeci-
sión de carácter que le hizo pasar por todos los partidos sin fijarse en ninguno. Su defensa de Dirraquio
le presenta un momento como general, y debe á la
imparcialidad de los relatos de su enemigo la prueba
de que, esta vez por lo menos, no todo fué afortunado
en los éxitos del último Todas sus palabras, todos
sus actos, denuncian al héroe de teatro, al actor á
quien la galería persuade de que es rey, al hombre
que no se conocía sino por la opinión, y que ya no se
encontraba á sí mismo cuando la fortuna se retiraba
de él. Se le escapó, no obstante, á César el dar como
un croquis, en una breve relación, de los motivos que
hacían obrar á sus principales adversarios. «En cuanto á Pompeyo, dice, excitado por los enemigos de
César, y no queriendo sufrir otro igual en poder...»
*Ipse Pompeius, ab inimicis Cesaris incitatus, et quod
neminem secum dignitate exequari volebat...* Es todo el
hombre en dos rasgos. Sus mismos odios no le son
personales, he aquí el primero. El segundo es más
característico todavía. Los historiadores y los poetas
no han sabido sino repetirle. Lucano ha hecho uno de
los más bellos versos de este pasaje en el que, como
inspirado por César, esboza á César mismo: «Ambos,
dice, no quieren sufrir, ni César un superior, ni Pompeyo un igual».

> *Ne quemquam jam ferre potest,*
> *Caesarve priorem,*
> *Pompeiusve parem...*

(PHARS., *I*, *vers. 125.*)

¿Por qué César no quiere un superior? Porque teniendo ideas y un plan de gobierno, queriendo reformar á fondo, y, en caso de necesidad, cambiar la antigua república incapaz ya de gobernarse y de gobernar al mundo, no podía hacer nada si no era el amo. ¿Por qué Pompeyo no tolera un igual? Porque tiene más vanidad que ambición, y quiere el poder no tanto para realizar ideas de gobierno como por ostentación y nombradía. Se le ve en los momentos más difíciles, retirado en el campo, marido viejo de esposas jóvenes de las que estaba enamorado, no haciendo nada é impidiéndolo todo; y con tal de que no hubiese nadie en el gobierno, preocupándose poco de que Roma estuviese gobernada, prefiriendo ver que las cosas cayeran en interregno, que dejar que las tomase otro ó él mismo; sombra de un gran nombre, como le llama Lucano. Cuando se penetra en el pensamiento tan sencillo de César, se llega hasta el alma de Pompeyo. Ser el amo, nunca se atrevió á decírselo, ni siquiera en voz baja; impedir que nadie le igualase, fué toda su política; política insensata en una república en la que no había para los hombres superiores sino dos posiciones, ó la igualdad, es decir, el disfrute alternativo de los honores, ó la usurpación. Pompeyo no quería la igualdad, y no era capaz de la usurpación.

Hay otro orden de bellezas históricas de las que César es tan avaro como de retratos. Son las reflexiones; pero su misma escasez aumenta su valor. Creeríase ver en esto la confesión de que cierto día se conmovió su alma, y que la conmoción dura todavía.

En Dirraquio, una hábil maniobra de Pompeyo le puso en el mayor peligro. Fué derrotado, y si los

pompeyanos hubieran empujado el triunfo, corría el
riesgo de ser destruído. Pero el enemigo tomó su ventaja por una victoria y se detuvo. Este éxito fracasa-
do se anunció no osbtante á todo el imperio como el
fin de la guerra. César formula sobre esto una reflexión que hace sublime la modestia de las palabras:
«Olvidaban, dice, los comunes accidentes de la guerra, y cuán á menudo las causas más pequeñas, una
sospecha mal fundada, un pánico, un escrúpulo reli-
gioso, produjeron los mayores desastres; cuántas veces un ejército tuvo que sufrir ya por la falta de un
jefe, ya por el error de un tribuno. Pero, como si hubiesen vencido por su valor, y no fuese posible ningún
cambio de fortuna, anunciaban á todo el universo la
victoria alcanzada aquel día».

En otro lugar, hablando de aquellos pompeyanos
que, en vísperas de la batalla de Farsalia, se disputaban los despojos, dice: «No se trataba entre ellos
de otras cosas que de honores, de las recompensas
que querían en dinero, ó de sus venganzas particulares; y pensaban, no en los medios de vencer, sino en
el uso que harían de la victoria».

No hay amargura en la primera reflexión; no hay
indignación en la segunda. César no cede jamás á
sentimientos tan vivos; su generosidad natural le
impedía ser amargo; la corrupción de su tiempo, y el
uso que de ella hiciera él mismo, le quitaban el derecho de indignarse. Al expresar juicios, conserva la
imparcialidad del relato, y tal vez esta moderación
de las palabras avalora la fuerza de las dos reflexiones, las cuales son á la vez una pintura exacta del
antiguo partido aristocrático romano y una luz sobre
las costumbres de todos los partidos. Un historiador
de gabinete se hubiera creído obligado á ensombrecer

estos colores y á burlarse, ya de la vanidad de los
pompeyanos tras el éxito de Dirraquio, ya de su codicia antes de Farsalia. Pero si la emoción de su lenguaje no nos hubiera hecho sospechosos los hechos, el
brillo de sus colores hubiera interesado con exceso á
nuestra imaginación para juzgar sanamente. La sencillez de César no interesa sino á nuestra razón; no
quiere hacernos odiar las cosas humanas; quiere solamente advertirnos de que los partidos están llenos
de ilusiones, y de que los motivos que mueven á sus
jefes no son siempre desinteresados. Tal es la manera que César tiene de explicar los
hechos. La política entra por mucho en esta sobrie-
dad de reflexiones. Hacer reflexiones es formular juicios. Juzgar compromete demasiado, sobre todo para
un hombre que quería permanecer libre para ser más
amo; deja, pues, á los hechos explicarse. Si son causas
ó efectos, ellos lo dirán. Tal vez también, al escribir
para sus contemporáneos, estaba seguro de ser comprendido con medias palabras.

Tampoco se encuentra en sus *Memorias* lo que,
tomándolo con mucha razón del lenguaje de las artes,
llama cuadros la crítica literaria. Todo cuadro supone el arte de realzar las lejanías con los primeros
términos y de disponerlo todo para el efecto. Los historiadores de profesión cuidan de esto con el mayor
celo, y el más hábil es el que hace verosímil el orden
un poco arbitrario con el que arregla hechos que no
ha visto. En César no se percibe este arte, de gran
valor, sin duda, y en el que es glorioso sobresalir. No
se ve ninguna disposición artificial, ningún pasaje reservado y de elección. No hay cuadro y, sin embargo,
hay efecto.

Es el efecto de acontecimientos descritos por el

hombre que los ha visto, suscitado ó dominado, y á
los que en sus designios imprimió el orden con arreglo al que se han producido en el terreno. Los relatos
de lo ocurrido fuera de su presencia no son menos salientes. Se siente que ha seguido con la mirada, al
otro lado de los mares, á aquellos cuerpos de ejército
que, según que su impulso los sostiene ó los abandona, ayudan ó comprometen su fortuna, y que por el
conocimiento que tenía de los caracteres, asistió en
persona tanto á los reveses como á los triunfos que se
realizaban lejos de él.

Uno de los más bellos ornamentos de la historia,
tal como los antiguos la trataron, son las arengas.
Trátase de esos trozos de elocuencia compuestos, ya
según la tradición de los discursos en efecto pronun-
ciados, ya, á falta de tradiciones, con arreglo á la situación y á las costumbres de los personajes. Tucídides fué el primero que sobresalió en esto y transmitió
á los latinos el arte de esas mentiras ingeniosas que
dan uniformemente á los personajes más diversos el
espíritu y el lenguaje del historiador que los hace hablar. Apenas se encuentra un ejemplo de esto en César. Pero en cambio sus relatos están cortados, unas
veces por discursos indirectos que dan la substancia
de lo que se ha dicho y nos ahorran el lujo un poco
vano del trabajo oratorio, otras por breves arengas
militares, que en vez de suspender la acción la continúan. Todo es aquí cierto y necesario. La circunstan-
cia provoca el discurso; hay que explicarse: todo está
dispuesto, el lugar de la escena, los oyentes; hablar
en aquel momento es la única manera de obrar efi-
cazmente. En el método de las arengas de gabinete
el historiador parece un tramoyista que arregla friamente una tribuna en el escenario para que un ora-

dor formado por algún Gorgias recite un discurso estudiado.

Las arengas compuestas sobre este modelo requieren tan poco el ser leídas en el puesto que ocupan en la narración, que se han hecho de ellas colecciones separadas que se estudian aparte y no sin fruto; y ha habido quien, sabiendo de memoria las arengas, no había leído la narración de donde estaban tomadas. No se ha hecho una colección de los discursos de César, aunque el más breve sea una obra maestra; hay que leerlo todo, discurso y narración. Por esa fuerza de lo natural que no se acomoda con ningún artificio literario, al mismo tiempo que se substraía á la imitación de la retórica griega, indicaba á los modernos en qué medida debe mezclar la historia los discursos con la narración. Dudo que haya imaginado ninguno de los que pone en boca de sus personajes; pero si son compuestos hay que confesar que la misma verdad no tiene ventajas sobre la verosimilitud.

De suerte que César ha empleado en sus *Memorias* las principales partes de la historia, cuadros, pinturas de caracteres, reflexiones, arengas. Estas partes no son invenciones de retórica; son los miembros de un cuerpo: punto de historia perfecta que no sea el teatro completo de la vida humana; que no despliegue los espectáculos tan diversos y tan atractivos de ésta; que no haga ver á los actores, por el fondo y por la manera, obrando ó hablando; que con reflexiones discretas y profundas no deduzca la moraleja. La prueba de que estas partes son verdaderas y necesarias, es que, en los historiadores superiores, á cada una de ellas corresponde un orden de bellezas duraderas. Al notar, pues, las que César no ha tratado sino incompletamente y las que ha descuidado,

reconozco que no ha realizado todas las bellezas de
las primeras y que ha dejado á otros dar modelos de
las segundas. Si no hace más que indicar los caracteres, es natural que no tenga necesidad de los colores del pintor y del moralista. Al omitir las reflexiones, se priva de los matices más delicados del lenguaje. Las arengas de menos, en sus narraciones,
es tanto menos de esa parte patética que caldea algunas de esas obras en los buenos historiadores. No se
siente que se haya negado el vano brillo que procede
de las figuras prodigadas, de las imágenes y de una
cierta desproporción ambiciosa entre el fondo y la
forma; pero querríase más á menudo la viva luz que
ilumina, al pintarlos, los hechos del mundo moral, y
el acento del historiador al que conmueve el bien y
el mal.

Sin embargo, si César no ha llevado ciertas cualidades al grado que quisiéramos, por comparación
con el ideal que nos hemos formado del género histórico, se ve que no es impotencia, sino designio. No
ha dicho más ni otra cosa, porque no ha querido. Es
fuerza que tenía en reserva, y que se ha guardado,
prefiriendo dejar creer que le faltaba á emplearla
fuera de propósito. A menos de engañarme, esa especie de contención y de juiciosa economía es una belleza propia de César. Nada más bello, en efecto, que
ver al que lo podía todo, atenerse á una cosa y hacerla tan exactamente; al que sobresalía en el donaire,
rozar apenas con un dedo burlón á los menos estima-
bles de sus enemigos; al que, en la elocuencia, sabía,
por lo que afirma Cicerón, hacer de cada prueba
como un cuadro puesto en plena luz, limitarse á breves arengas, la mayor parte indirectas; al que, al oir
la defensa de Ligario, dejaba caer de sus manos el

acta de acusación, saber ser imparcial hasta parecer insensible; al que tenía todos los talentos, gobernarlos tan bien, y alternativamente reunirlos ó separarlos tan oportunamente, que sus facultades parecían como cuerpos de ejército distintos á los que conducía, llevándolos juntos ó separadamente, según la necesidad, y proporcionándolos, por el número ó grado de fuerza, con el obstáculo que había que vencer.

Aunque la historia tenga que extender su campo después de las *Memorias* de César, hay que detenerse mucho en este primer modelo incomparable. Con las cualidades con que se enriquecerá el arte, nacerán, como en compensación, los defectos correspondientes. La narración para ser más dramática se embellecerá con circunstancias imaginarias y será como esos cuadros en que los primeros términos son de la invención del pintor y sirven para hacer que resalten los fondos. Se encontrarán en los retratos, al lado de los rasgos tomados del natural, caprichos de análisis moral y estudios más bien parecidos. Las reflexiones degenerarán en sentencias ó se harán declamatorias. Las arengas serán harto á menudo trozos de retórica. Demasiado arte conducirá al amaneramiento. Las *Memorias* de César son una primera forma perfecta de la historia. Lo que falta no convenía ni al asunto ni al designio del autor. Lo que se ve es perfecto.

Es conveniente frecuentar á ese espíritu tan sano, tan equilibrado, tan grande sin esfuerzos, tan vigoroso sin afectar la fuerza, tan elegante sin buscarlo, tan propio para darnos á conocer y estimar nuestro natural, haciéndonos admirar lo suyo. Queda del trato con los otros autores una impresión demasiado fuerte de la cualidad que domina en él, de la concisión arcaica en éste, de los adornos en aquél, del bri-

llo de las figuras en el otro. Cuidemos de que el placer que encontramos en ello no nos haga imitadores.
Tal hace versos duros por haberse influído por lo rudo
de la forma de un modelo; tal otro los hará vanos y
sonoros, porque en un modelo en que reina la elegancia no habrá sentido sino la armonía, que es el efecto
externo y nada de la proporción de las palabras con
los pensamientos y de los pensamientos con el asunto
que es su causa. Desconfío de que se imite á César,
porque ¿quién podría encontrar una cualidad dominante? ¿Qué tono, qué forma de discurso se repite más
á menudo de lo que conviene? ¿En qué lazo podría
caer el espíritu? Los críticos no han notado más que
un defecto: las negligencias. Llaman con este nombre
á las repeticiones de las mismas palabras. Pero á
menos de divertirse en contar las palabras, no se
notan tales repeticiones, por hacerlas necesarias la
claridad del discurso. Además de que por un privilegio de la lengua latina, la misma palabra, al cambiar
de caso, cambiando también de sonido, de forma, y
por decirlo así, de fisonomía, las repeticiones son menos sensibles que en nuestra lengua, en la que la
misma palabra en todos los casos se presenta bajo el
mismo aspecto y produce el mismo sonido.

No hay un giro especial en las *Memorias* de César.
Un giro especial está muy cerca de ser un defecto; se
ha dicho que se cae del lado hacia donde uno se inclina, y esto es tan verdad en las letras como en la
política. Yo no veo en César sino un espíritu libre,
igual, dueño de sí mismo, tranquilo espejo que recibe la verdad y la refleja como la recibiera. César
ha querido relatar á sangre fría, como si se hubiera
tratado de otro, grandes cosas ejecutadas con el ardor
de la pasión. Semejante al general del ejército de

Italia que encargaba á David, el pintor, que le representara tranquilo en un caballo fogoso, quiso que ya en sus diez años de combate con la barbarie, ya en los trastornos de la guerra civil, siempre en presencia del extremo peligro, siempre en el momento de perder su fortuna, su gloria y su vida, su narración le mostrase, por encima de tantas vicisitudes, indiferente y sereno.

El único defecto literario de las *Memorias* de César es que solamente el estudio y, por decirlo así, la práctica del autor pueden hacer gustar sus perfecciones discretas y ocultas. Las obras de este género pasan inadvertidas por muchos cerebros, incluso por cerebros bien constituídos. No advierten al espíritu; no le estimulan; su modestia les oculta. Ya se dice en la moral mundana: se necesita cierta habilidad, hasta en las personas honradas, hasta en la virtud, para recomendarse y hacerse útiles. La máxima no es menos cierta respecto á los autores. Si no hacen nada para atraer la vista, se exponen á que no se les vea. Un poco de esta habilidad no les sienta mal, con tal de que no sea sino una manera inocente para atraer á la verdad.

III

SALUSTIO ES EL PRIMER HISTORIADOR PROFESIONAL DE LOS LATINOS

Esta habilidad es una de las seducciones de Salustio. Veo una primera prueba de esto en el mismo plan que se trazara. En vez de escribir la serie de los acontecimientos de la historia romana, eligió los más memorables para tratarlos separadamente: «He re-

suelto—dice—en el preámbulo de *Catilina* escribir
los hechos del pueblo romano, por trozos separados,
fijándome en los más dignos de memoria». Así, la historia se le presentó, desde luego, en forma de una
serie de cuadros escogidos.

Por una primera diferencia entre César y él, Salustio no fué actor en los acontecimientos que relata.
La guerra de Jugurta había terminado veinte años
antes de que el historiador naciera. Tenía veintitrés
años en la época de la conjuración de Catilina, y no
parece que fuese testigo de ella. En cuanto á su gran
historia, comprendía los tiempos transcurridos entre
estos dos acontecimientos. Exceptuados algunos años
de los que precedieron al segundo y durante los cuales la juventud de Salustio hubo de recibir algunas
impresiones de las causas generales que engendraron
la conjuración de Catilina, no escribió sino lo que había visto por la fuerza de la imaginación, y por el
estudio crítico de los testimonios. Salustio es el primer historiador profesional de los latinos.

Los hechos militares no son más que lo accesorio
en los relatos de Salustio. Lo que domina en ellos es
la política; son las descripciones, ya de las costumbres generales, ya de las personas; es la explicación
de los actos por los caracteres. Hasta en las narraciones de los hechos de guerra, lo técnico está subor-
dinado á lo moral, y más que preceptos sobre el arte
de conducir los ejércitos, hay juicios sobre las pasiones que hacen mover á esas grandes masas y sobre
los caracteres é intereses de quienes las dirigen. La
guerra no es para Salustio sino el desenlace del dra-
ma que se desarrolla en el seno de Roma. Se la ve
brotar de los celos de los dos partidos, de las pasiones, de las rivalidades personales, de la sed de poder

y de dinero que minaban entonces la república. Por
esto Salustio es el primero entre los latinos que me-
rezca el nombre de historiador político.

Los caracteres del lenguaje de Salustio son de dos
géneros. Los unos proceden del fondo mismo de las
cosas, por el que Salustio se diferencia esencialmente
de César. Para nuevos aspectos, necesitábanse maneras de decir nuevas. Desde el día en que la historia,
de militar que era con César, se hacía civil, y en que
el historiador, de narrador de los acontecimientos
se convertía en juez y en pintor de ellos, la lengua
latina tenía que extenderse del lado de la política y
de la moral histórica. A los detalles tan delicados
sobre los caracteres y los temperamentos, á esas descripciones tan finas del interior del hombre, corres-
ponden delicadezas y matices con que por primera
vez se enriquece. Al mismo tiempo que la colorean
los cuadros, las reflexiones la hacen más sutil y las
arengas más cálida y más armoniosa. La necesidad
de pasar de lo simple á lo figurado para expresar con
palabras del orden material hechos del orden moral,
la embellece con acepciones inusitadas. La luz del
estilo que en las *Memorias* de César no ilumina sino
las acciones, imágenes visibles de los pensamientos,
hace visibles en los relatos de Salustio los pensamientos mismos y pinta todos los movimientos de ese espíritu que Salustio proclama tan elocuentemente «eterno é incorruptible, guía supremo del género humano».

De otra parte, estas cualidades del lenguaje de
Salustio son los caracteres mismos de la bella latinidad. Es la parte de un escritor superior en la obra
de la lengua de su país. Porque, así como el imperio
romano se formó con las conquistas sucesivas de sus

hombres de guerra, así el cuerpo de la lengua latina
se formó con las creaciones de sus grandes escritores. En el imperio, no se conoce la huella de las ane-
xiones de territorio; en la lengua, no se distinguen
los crecimientos que ha tenido; y así como del espectáculo del imperio queda una impresión de la grandeza del pueblo romano más bien que de las cualidades particulares de sus grandes hombres, así el cuerpo de la bella latinidad da más bien la imagen del
genio de ese pueblo en las letras que de las imágenes
particulares y diversas de sus escritores.

Los otros caracteres del lenguaje de Salustio son
el efecto de sus particulares dotes. El más saliente es
esa concisión famosa de que habla Quintiliano, *sallustiana brevitas*. No se quiere hablar de una concisión que añade al sentido lo que quita de las palabras.
Todo discurso que tiene el sello de este mérito singular, á nadie se le ocurre notarlo. No se tiene la idea
de la concisión sino por comparación con un discurso
difuso, ó porque el efecto que se prometía el autor no
responde al trabajo que se tomara. No hay que alabar á Salustio por haber triunfado en la primera;
pero podría censurársele á veces de haberse esforza-
do mucho para afectar la segunda.

La prueba de que esta busca de la concisión es un
defecto en Salustio, es que la ha imitado de otros, y
que él mismo ha sido imitado. Ahora bien; no se imitan las cualidades, se las tiene por naturaleza, y el
ejemplo de otros puede todo á lo más fortificarle á
uno, dándole motivos para aprobarse lo que se hace
naturalmente. Se imita por debilidad, por apoyarse;
se imita porque se carece de fondo; se imita, ya por
ilusión, porque se toma por bello lo que sale bien; ya
por vanidad, por ser más viva la necesidad del éxito,

por la moda que da el amor á lo verdadero. Por cualquier lado que se tome, no se imita sino á causa de un defecto, y siempre es algún defecto lo que se imita. En un escritor superior, si la imitación no proviene ni de debilidad, ni de pereza, proviene tal vez del deseo de producir efecto.

El historiador cuya concisión imitó Salustio, es Tucídides. Se está en un error al decir que le imitó en todo lo demás. Salustio ha sobresalido en pintar las costumbres según Tucídides, no por el patrón de Tucídides. Puestos en presencia de la misma naturaleza, viéndola con los mismos ojos, dotados en el mismo grado del talento de describirla, ambos han triunfado, cada uno en su país, por los mejores medios, que son los mismos en todas partes. El uno no ha imitado al otro; á lo más podría decirse que el primero que llegó advirtió al último de su propio talento. Pero es cierto que en esta busca de la concisión, Salustio imitó á Tucídides, y si el principio de que no se imitan sino los defectos es verdadero, un defecto de Tucídides es lo que extravió á Salustio. Los críticos antiguos han notado este defecto; esa estudiada obscuridad de que habla Marcelino, el biógrafo de Tucídides, «el cual, dice, cuidaba de escribir obscuramente, á fin de no ser accesible á todo el mundo», explicación que no disminuye la sinrazón del historiado.

Como ocurre en toda imitación, el defecto es más chocante en el imitador que en el original. La concisión de Salustio parece más afectada que la de Tucídides, además de la desventaja del latín. Tucídides, al escribir en una lengua de riqueza infinita, no solamente dice muchas cosas con pocas palabras, sino que hace entrar en la misma palabra muchas cosas.

Abunda en términos compuestos, especies de focos
luminosos en donde se concentran varios radios, los
cuales, según la aplicación, iluminan ó deslumbran.
Salustio, mal servido por una lengua más sobria ó
más tímida, á falta de palabras compuestas, fuerza
á veces á palabras simples á expresar el todo por la
parte; y para hacer más vasto su pensamiento, se
contenta con indicarlo, dejando al lector que lo com-
plete y llene sus ambiciosas omisiones. Al principio
se siente uno cautivado, y se agradece al escritor
que cuente de esa manera con la capacidad de su
lector. Pero poco á poco se observa que ha pensado
más en hacerse valer á sí propio que en hacer valer
á su lector.

A ejemplo de esta debilidad, Salustio, imitador de
la excesiva condición de Tucídides, fué á su vez muy
imitado. «En tiempo en que Salustio florecía — dice
Séneca—, el discurso cortado, las palabras más secas
é inesperadas, y la brevedad obscura, estuvieron de
moda. Habla de un tal Arronce, completamente salus-
tiano, el cual escribió con ese estilo una historia de las
guerras púnicas. «Salía—dice Séneca—al encuentro
de los defectos que Salustio no había hecho más que
encontrar.» *Vitanda illa sallustiana brevitas*, decía
Quintiliano á los oradores de su tiempo. La toleraba,
sin embargo, en los escritos, «en donde puede ser
penetrado por un lector descansado».

Este defecto, en un autor tan excelente, debe ha-
cérnoslo leer con precaución, tanto para que no nos
engañe una falsa profundidad, como para guardarnos
de imitarle. Hay otro motivo de desconfianza más
grave: es el contraste que se ha señalado entre los
escritos de Salustio y su vida.

IV

DE LA VIDA Y DEL CARÁCTER DE SALUSTIO

Según ciertos testimonios, la juventud de Salustio estuvo llena de desenfrenos. Pagó por un cocinero cien mil sextercios, y para atender á sus prodigalidades, vendió la casa paterna en vida de su padre, el cual murió de pena. Sorprendido en adulterio con Fausta, mujer de Milón, fué condenado á azotes y puesto en libertad bajo fianza. A causa del escándalo de sus desenfrenos, fué expulsado del Senado, en 704, por el censor Apio; más adelante, reintegrado en su senaduría por el favor de César, y nombrado gobernador de Numidia, sus extorsiones esquilmaron á esa provincia, y no se libró de un proceso sino comprando con parte del producto de sus rapiñas la protección del dictador. En fin, su vida entera, en violento mentís dado á sus escritos, le valió, por parte de Macrobio, la observación irónica de que había sido el implacable censor de los vicios ajenos.

Los panegiristas de Salustio, en el laudable deseo de poner de acuerdo las acciones y los escritos de aquél, atribuyen todas las acciones dichas á calumnias de un tal Lenco, liberto de Pompeyo, autor de un libelo difamatorio en el que quiso vengar á su amo de las injurias de Salustio.

La verdad sobre éste no se encuentra ni en las complacencias de sus panegiristas ni en las exageraciones de sus detractores. Pero, si fué calumniado, es que dió motivo. Creo en la prevención que aumenta las faltas y en la venganza que las envenena, pero me cuesta trabajo creer en la calumnia fría que á la vez miente y aumenta. ¿Pero no tenemos las confesiones de Salustio? No sé de nada más explícito que este pasaje del preámbulo de *Catilina,* en donde, recordando las faltas de su juventud, su debilidad contra las seducciones de una ambición mala, habla del momento «en que su espíritu encontró al fin el reposo, después de muchos peligros y miserias». Esto indica una conciencia que se acusa.

Las faltas que dieron á Salustio tan mala reputación ¿fueron de aquellas cuyos ejemplos públicos enseñaban, por decirlo así, á la juventud romana? ¿Se trata de aquellos medios para triunfar que se permitían los jóvenes patricios ó los plebeyos ricos, y que Salustio comprende en el dictado *malas artes;* las acusaciones lanzadas con ligereza, para adiestrarse en la oratoria; las intrigas, la compra de votos, las violencias en el Foro? ¿Se trata de desórdenes de la vida privada? Ciertamente, bajo el imperio de otra moral, esto sería más que suficiente para deshonrar á un hombre. Pero en tiempos de Salustio, el ejemplo universal disminuía las faltas de cada cual, y la época estaba más deshonrada que los individuos. Contra semejante corrupción, no había resistencia posible sino en una especie de adoración fanática á la virtud. Así es como se explica la oposición del joven Catón, al atacar los vicios con la exaltación de un sectario de la virtud.

Concedo que Salustio no figure entre los malos; ¿pero hay que ponerle entre los buenos? Si no hubiera delinquido más que como todo el mundo, ¿se hubiese confesado públicamente, y con una especie de solemnidad, al frente de sus escritos? La moral de su tiempo no pedía semejante satisfacción. Pero él había hecho más de lo que aquella podía excusar. Si la obscu-

ridad que cubre su vida pública le protege contra
actas de acusación precisas, las riquezas demasiado
famosas entre las que terminó esa vida le acusan de
esa sed de dinero que aun la moral de entonces censuraba por boca de Cicerón al denunciar las dilapi-
daciones de Verres, y más elocuentemente todavía,
con el ejemplo del mismo Cicerón al volver de su gobierno de Cilicia, con las manos limpias no solamente
de todo robo, sino de aquellos dones con los que las
provincias conjuraban la rapacidad de sus gobernadores. Sobre tablillas de oro, pagadas con los despojos de Africa, escribió Salustio contra el lujo de la
nobleza; en medio de cuadros, de estatuas, de cince-
laduras, en las delicias de aquellos jardines que llevaban su nombre, cuyo suelo bastaba arañar en otro
tiempo para exhumar obras maestras, componía los
discursos de Mario y de Catilina contra el lujo de las
obras de arte, y contra aquellas riquezas de los nobles, que no podían agotar la locura de sus excesos.

V

QUE LOS GRANDES ESCRITORES SON LAS PERSONAS
MÁS HONRADAS

¿Será preciso, en lo que se refiere á Salustio, dejar
de creer en la máxima, en el primer dogma de la religión del arte, de que no hay bellos escritos, sino por el
acuerdo de las acciones con las palabras, y que los
más grandes escritores son las personas más honradas?

No, y cualesquiera que fueren las apariencias, habría que luchar hasta el fin contra una duda que
arruinaría á la verdad misma al arruinar la autoridad de los hombres divinos que recibieron el don de
expresarla en sus escritos. No quiero creerlo ni para

mi país, en donde la máxima contraria sería una in-
juriosa paradoja, ni para ningún otro país que haya
dejado al mundo una obra de literatura perdurable.

Pero si es cierto que el mejor debe ser siempre el
mayor hombre de bien, hay grados entre los grandes escritores, y nadie puede poner en sus escritos más cantidad de belleza moral de la que tenga en
su alma. Es preciso saber reconocer esos grados, evitar todo deslumbramiento, preferir la verdad á Platón, ó más bien, no amar en Platón sino la verdad,
que vió con un corazón recto ó con un espíritu des-
apasionado. Si se trata de un hombre superior cuya
vida haya dado lugar á graves censuras, hay que
defenderse contra sus seducciones, hay que buscar
cuidadosamente en sus escritos alguna imperfección
literaria que acuse imperfecciones de carácter ó vicios de corazón.

Con este espíritu he estudiado yo á Salustio, adver-
tido por su vida á desconfiar de sus escritos. No he
reconocido en ellos ni la sensibilidad de Cicerón ni
ese amor de lo grande, por el genio y por la virtud,
que inflama á Tito Livio por los fundadores de la
grandeza romana, ni la amargura virtuosa de Tácito.
Salustio se indigna un poco en frío; temo que detrás
de sus protestas de virtud se oculte una falsa honradez. Esta especie de hipocresía puede engañar á más
de una persona. A la distancia en que nos encontramos de Salustio, con la falta de pruebas de hecho, con
lo que el talento favorece al hombre, hasta los buenos jueces se engañan. Lo hemos visto en esos apolo-
gistas de Salustio, los cuales, no teniendo fuerzas
para encontrarle imperfecto como escritor, han querido hacer de él un perfecto hombre de bien.

Un autor consumado, tal como Salustio, puede á

fuerza de arte imitar la convicción de un hombre de
bien. ¿Qué digo? Por esa contradicción de nuestra
naturaleza que nos hace amar la virtud, de que somos incapaces, su razón puede rebelarse contra las
imágenes de sus propios vicios. Pero en sus páginas
más severas, se sentirá al hombre que quiere engañar á los otros, ó al hombre que no puede engañarse
á sí mismo por mucho tiempo. He aquí un ejemplo
tomado del preámbulo de *Jugurta*. Salustio habla en
él, como espectador agriado, de las costumbres de
los tiempos presentes, comparándolas con las que encuentra digna de alabanza en la época en que ejercía
grandes magistraturas. La acusación es fuerte; ni el
mismo Catón hubiera censurado mejor en su época.
De pronto se interrumpe y dice: «Pero me dejo llevar
demasiado lejos y con demasiada franqueza en el
enojo que me causan las costumbres de Roma. Vuel-
vo á mi asunto». *Virum egoliberios altiusque proces-
si, dum me civitates morum piget toedetque, nunc ad
incoeptun redeo.* ¿Es este el movimiento de un alma
generosa que se calma después de haber descargado
su cólera, ó no es más bien el escrúpulo de un autor
que teme haber hecho una digresión demasiado larga?
Nada más seco ni que acuse más la fórmula que esas
dos palabras: *piget toedetque*, tan desproporcionadas
para tan grandes sentimientos.

Hay cierto acento que dan á los escritos un corazón perturbado por las pasiones, pero no echado á
perder, y la razón, cuando no es más que una conciencia pura que juzga las acciones de los hombres;
este acento no lo tiene Salustio.

Pero si carece de esta belleza suprema, tiene todas las demás en un grado de perfección que no ha
sido superado.

Todo lo que el estilo puede recibir de una razón
elevada y fina; todo lo que puede lucir la imaginación más poderosa y mejor equilibrada; todo lo que
se puede hacer con todos los talentos del escritor, se
halla en Salustio. Semejante á ciertos hombres que,
con grandes cualidades y mucho arte para ocultar
sus defectos, llegan á persuadirnos de que á las cualidades de que están dotados unen las de los defectos
que ocultan, Salustio sabe dar tan bien el cambio sobre su vida con sus máximas, y cubrir al hombre con
el escritor, que más de un lector se dejará engañar
todavía, y siempre será arriesgado expresar dudas
sobre su moralidad.

Podemos, pues, admirar á Salustio; pero seguire-
mos creyendo que el genio más bello es el que saca
sus pensamientos de una conciencia recta y de un corazón tierno á las cosas humanas, y que, entre los
grandes escritores, los mayores son los que han vivi-
do como hombres de corazón y hombres de bien. Los
antiguos giraron, por decirlo así, en torno de esta
máxima. Decían del orador: el hombre de bien que
sabe hablar. Pero los modernos la han extendido á
todas las producciones del arte, y han hecho de ella
un principio que obliga al crítico á ser moral y al
autor á que recomiende sus escritos con su vida. Esta
es una máxima nacida de la filosofía cristiana, es
una máxima del arte francés. Nuestros maestros en
las letras son nuestros modelos en la vida. Reconócese en el arte de bien decir la ciencia de bien hacer.
Corneille, Racine, Pascal, Bossuet, son puros y profundos manantiales de la belleza y del bien. Y Molie-
re es el primero porque fué el mejor.

Estudiaremos á Salustio con arreglo al método seguido por su predecesor César. Será una lectura pro-

funda, á la que pediremos todo lo que un espíritu
culto puede buscar en un monumento histórico: la
verdad de los hechos y de los juicios y la belleza literaria, que no es sino la expresión perfecta de aquélla. Penetrar, sin vanos refinamientos, en el pensamiento de un escritor superior; ver, por encima de lo
que ha escrito, el designio que le hizo escribir; entrar, por decirlo así, en su confidencia y en su secreto, y sabiendo á fondo todo lo que quiso que se supie-
ra, saber también todo lo que pensó ocultar; con estas condiciones puede aprovechar el auditorio la lectura pública de un autor. Una primera lectura, como
se entiende de ordinario, nos descubre apenas algunas bellezas salientes de detalle. Una segunda nos
aproxima al plan, nos hace profundizar más en el
designio del autor. Otras bellezas se revelarán en una
tercera lectura, y serán como la conquista afecta á
cada nuevo esfuerzo.

¿Pero por qué hablar de esfuerzo? Los que nos dicen que leamos á los grandes escritores, nos invitan
al placer más bien que al trabajo. Cuando oís hablar
de algún hombre superior que interviene en los grandes asuntos, envidiáis á quien os dice: Yo lo he visto.
Pues bien, estudiando los grandes escritores, los veis,
os hablan, os hacen confidentes de ellos. Ya no son
trozos de literatura, preceptos de gusto, reglas de estilo ó verdades generales bajo la forma de bellezas
literarias, es el escritor mismo quien os llama á un
rincón y os habla en voz baja de los motivos que
guiaron su pluma.

En la historia de la conjuración de Catilina, Salustio tendrá que darnos más de una explicación. Le
preguntaremos si no ha omitido ni añadido nada; si
ha sido justo con todo el mundo, con Cicerón, espe-

cialmente, hasta cuando le calificaron de excelente
cónsul; si ha sido bastante explícito sobre las causas
de la conjuración; sí, para realzar el efecto dramático, no descuidó el aspecto político; veremos si ha tenido siempre la balanza en el justo fiel; le admirare-
mos con libertad, y no sacrificaremos verdad alguna al trato con uno de los escritores de más prestigio
de la antigüedad.

En la historia de Jugurta, Salustio está más lejos
de los acontecimientos; no tiene más que un interés,
por decirlo así, retrospectivo en las luchas de partido que suscitó aquella guerra. Podremos admirar con
menos reservas la serie de caracteres, de descripciones, de arengas, que hacen de esa hermosa obra un
trozo de historia perfecto. Siguiendo á Jugurta en sus
fugas y en su guerra de emboscadas en tierras de
Numidia, que es hoy el Africa francesa, se nos presen-
tarán las alusiones. No las buscaremos. No quisiera
poner unos estudios severos bajo la protección de ninguna preocupación contemporánea. Entre dos males,
el de no realzar bien un monumento admirable, y el
de atraer ó retener á los oyentes con halagos á sus
ideas de un día, preferiré siempre el primero. Pero
consideraría como un excelente fruto de este estudio
el que podamos tomar algunas lecciones de paciencia,
á fin de no asombrarnos de que, no añadiendo, como
los romanos, á todos los medios de guerra, la traición,
no hayamos todavía derrotado al moderno Jugurta (1).
Habrá además otras diferencias entre la conquista
romana y la nuestra, no menos cierta, pero más pura.
Nosotros no queremos hacernos dueños de Africa para

---

(1) Escribía esto en 1846. Abd-al-kader se sometió al año siguiente.

entregarla en pillaje á unos gobernadores. La civilización francesa frente á la barbarie árabe es la razón
frente al instinto salvaje, es la justicia frente á la
violencia, es la libertad frente al fatalismo. Nosotros
no tenemos Calpurnios, ni Scauros, y la declamación
no ha llegado hasta decir que Jugurta tenía amigos
en nuestro Senado.

Debo dar las gracias al concluir, á los que, en el
último año, se sirvieron seguirme en estos estudios
hoy descuidados, á los que no se va ya sino por profesión. El doble escollo de una enseñanza de las literaturas antiguas, es, de una parte, que el profesor se
inclina al temor de no atraer oyentes, y de otra parte, que corre el riesgo de apasionarse demasiado por
dioses que cree abandonados. Yo doy gracias á los
oyentes que me han convencido á la vez de que los
esfuerzos sinceros y perseverantes, aunque se carez-
ca de la gracia del talento, obtienen siempre una estimación que alienta, y de que esos dioses, en los que
creyeron nuestros más grandes hombres, tienen todavía fieles. Temí que la dulzura de admirar las obras
maestras del genio latino no fuese más que para mí;
dichos oyentes me probaron que nos era común. Les
debo una parte del placer profundo que he recibido
en mi largo trato con Salustio. Aquel para quien las
bellezas de las letras no son sino verdades prácticas,
ó severas, ó encantadoras, no se atreve á amarla sólo
y secretamente; teme engañarse y sospecharía de
ilusión sus solitarias delicias. Para amar con seguridad, necesita saber que tiene razón de amar; no goza
de las verdades que el estudio le ha revelado sino en
el momento mismo en que las comparte con otros; y
de esta suerte únicamente, el asentimiento de un auditorio fortifica al profesor y ennoblece la enseñanza.

III

TITO LIVIO

SUMARIO

I. — El estudio de una literatura debe empezarse por sus historiadores. — De la crítica de los historiadores se-cundarios.

II. — De la verdad, y cómo se reconoce en las obras del in-genio.

III. — Detalles biográficos de Tito Livio. — ¿Pertenecía á un partido?

IV. — Diferencias entre la moral de Salustio y la de Tito Livio.

V. — De la sensibilidad de Tito Livio comparada con la de Virgilio.

VI. — Del patriotismo y de la elevación moral de Tito Livio.

VII. — De los defectos de Tito Livio.

VIII. — De la narración de la segunda guerra púnica.—Aníbal.

I

EL ESTUDIO DE UNA LITERATURA DEBE EMPEZARSE POR SUS HISTORIADORES.—DE LA CRÍTICA DE LOS HISTORIADORES SECUNDARIOS.

Para estudiar con fruto una literatura, parece que hay que empezar por los escritores que trataron de la Historia. Por ellos solamente conocemos lo que constituye el fondo de esa literatura, á saber: el go-bierno, la constitución, la religión, las costumbres generales; en sus escritos se respira el alma del pue-blo, cuya expresión es esa literatura. Los historiadores nos aclimatan, por decirlo así, al país; por ellos sabemos las conveniencias invencibles y fatales que hay entre una nación y el territorio que ocupa; una nación es una persona, la Historia es la biografía de esta persona.

Cuando nos hemos acostumbrado á ese pueblo, cuando le hemos visto en el triunfo y en los reveses, en la guerra y en la paz, pasando por las pruebas de la fortuna, en las que se reconoce el carácter de las naciones como el de los individuos, es el momento de emprender el estudio de las otras ramas de su literatura Nos encontramos preparados para apreciar sus poetas, para comprender la autoridad de sus oradores, para juzgar á sus filósofos y á sus críticos. En vez de leerlos á tientas, acompañados del comentador, que nos extravía por lo general, ó que nos enfría cuando nos ilustra, sus historiadores, al hacernos de su país, nos han puesto en condiciones de leer corriente-mente á tales autores, como si se tratara de auto-res familiares. No tropezamos, en un bello trozo de poesía, en una arenga, en un tratado filosófico, con una especie de arqueología, en la que no hemos sido iniciados, y al mismo tiempo de admirar esos bellos pensamientos, que son del dominio del hombre en to-dos los países y en todos los tiempos, vemos, en cierto modo, la fisonomía particular del espíritu humano en una época y un país determinados. Cicerón, en sus obras filosóficas, no será solamente uno de los buenos moralistas del mundo, será el moralista romano. Ho-racio no será solamente un lírico ó un satírico, será el lírico-un poco artificioso de un país nada soñador; será el satírico de un pueblo en el que el vicio no fué nunca elegante, y bajo cuya molicie asoma esa bru-talidad que le censura la *Camila* de Corneille, en

uno de esos versos en que el gran escritor sintió, más
bien que juzgó, al pueblo romano.

Sea recuerdo, sea prejuicio de colegio, me parece
que, entre los usos de esta enseñanza de las lenguas
antiguas, que tiene por enemigos á todos los que han
hecho malos estudios, no es el peor el que nos hacía
aprender los elementos del latín en un compendio de
la historia romana. Llegábamos así á los grandes escritores de Roma con impresiones ya fuertes de la
grandeza de su país. El día en que húbe de pensar en
un plan de estudio sobre la literatura latina, encon-
tré esta indicación en mis recuerdos. Solamente que,
en vez de un compendio en que el latín no es siempre
romano, quise leer la historia romana en los autores
originales, en los romanos que escribieron los anales
de su país.

La lista de los historiadores romanos es corta;
compónese de cuatro nombres: César, Salustio, Tito
Livio, Tácito. De las alturas á las que elevaron la
Historia, se cae de repente ya en la crónica descui-
dada y sospechosa de Suetonio, ya en los compen-
dios más brillantes que sólidos de Veleyo, Patérculo
y de Floro, ya en las pretensiones enciclopédicas de
Amiano Marcelino. O bien son autores que escribieron vidas ó resúmenes de historia universal; Cornelio
Nepote, que hace pensar en Plutarco; Quinto Curcio,
cuyas flores no nos consuelan de no tener una historia original de Alejandro; Justino, que se encuentra abrumado por el *Discurso sobre la historia universal* de Bossuet. Estos autores, de los que ninguno
es por lo demás despreciable, tienen por mérito principal el ofrecer textos apropiados á un cierto tiempo
de los estudios clásicos y de servir como de grados en
el conocimiento del latín.

Tal vez hubiera sido más justo comprenderlos en
el estudio general de los historiadores: confieso que
no me siento con gusto para ello. Cuando juzgamos á
los escritores secundarios, ó bien triunfamos de ellos
ó bien los protegemos. Allí en donde hay mucho que
criticar, el provecho no compensa el trabajo que uno
se toma; allí donde es necesario hacer valer el mérito de un escritor por la relatividad, poco más ó menos, como en esas pinturas dudosas para las que
se exige del espectador que se coloque en cierto punto de vista, por lo general se trata de un juego de ingenio cuyo ejemplo no es bueno, porque sustituye al
gran gusto en las letras por el pequeño, que es su
enemigo. Nosotros somos difíciles ó complacientes en
lo que se refiere á las reputaciones pequeñas, por razones que no están perfectamente limpias de todo interés de amor propio; difíciles, porque habiendo demasiada poca distancia de los pequeños á nosotros,
no les perdonamos, sin embargo, el que se hayan elevado, por poco que sea, sobre nosotros; complacientes, á fin de realzar nuestro mérito rebajando el nivel
de las glorias verdaderas. Por último les damos demasiado de nosotros mismos, ó les quitamos demasiado de lo que les pertenece.

Los escritores de talento nos substraen á los peligros de nuestro juicio; se apoderan de nosotros desde
luego y se hacen dueños de nuestra inteligencia por
la admiración, ese abandono delicioso que es la fe en
el genio. Aquí, no tenemos ya reservas, estamos en
poder de otro; nuestro amor propio, que excitaba en
nuestros juicios sobre los pequeños una desigualdad
moderada, se calla ante la infinita distancia que nos
separa de los hombres superiores; el trato con tales
hombres acostumbra á la modestia y enseña el res-

peto. Esta fe en el genio no es una abdicación, sino un consentimiento de nuestra razón en presencia del ideal. Los defectos de los hombres superiores no son una ventaja que nosotros alcancemos sobre ellos; nos advierten que sus obras son humanas; impiden la superstición, y, al darnos motivo para hacer acto de independencia, realzan el mérito de nuestra admiración.

II

DE LA VERDAD Y COMO SE RECONOCE EN LAS OBRAS DE INGENIO

Me limitaré, pues, á los cuatro grandes escritores que representan la historia entre los romanos. Conocidos ellos, y, por ellos, siéndonos conocida y casi familiar Roma, estudiaremos las otras producciones del genio latino. Apreciaremos sucesivamente la elocuencia política y judicial en Cicerón y en los imponentes fragmentos que nos han quedado de algunos oradores que le precedieron ó siguieron; la filosofía moral en Cicerón y en Séneca; la crítica en Cicerón también, en Quintiliano y en Tácito; en fin, el arte epistolar en ese mismo Cicerón, que forma como un cuerpo de literatura aparte en la literatura latina, y en Plinio el Joven, que tuvo la gloria, dada á muy pocos, de escribir bien una carta. Tal es el campo de nuestro estudio. El objeto, ya lo sabéis, es la verdad. La verdad es múltiple y diversa; cada género de obra tiene la suya especialmente. Pero hay una especie de verdad común á todos los géneros, y, cuando hablo del objeto general de nuestros estudios, esa verdad es la que tengo presente. Esa verdad es todo

lo que concierne al hombre, ya como individuo, ya
como miembro de una sociedad, ya como ciudadano
de una nación; es lo que le advierte que no está solo
en medio de desconocidos; que además de su vida individual, vive una vida general; es todo lo que, en el
pasado, trátese de hechos, de pensamientos ó de sentimientos, le hace contemporáneo de los hechos, co-
heredero con la humanidad de los pensamientos, simpático á los sentimientos. No somos libres de no
conocer seguramente la verdad; llega á nuestras
conciencias como la luz á nuestros ojos, como el sonido á nuestros oídos, y así como por un desorden fí-
sico se ven privados los ojos de ver la luz y los oídos
de percibir los sones, así también, por efecto de un
desarreglo del espíritu, cesa la conciencia de percibir
la verdad. La razón no es sino la facultad por la que
transformamos el conocimiento involuntario de la
verdad en un asentimiento reflexivo.

Digamos de la verdad, como de Dios, de la que
forma parte: la verdad es lo que es. El hombre que
quiere escapar de la verdad parece querer escaparse
de sí mismo. ¿Por qué nos conocemos nosotros, en
efecto, sino por la verdad, la cual, por lo que quisiéramos ser, nos enseña lo que somos? Así se dice de
todo espíritu falso, es decir, de todo hombre imposi-
bilitado por algún desorden intelectual de conocer la
verdad: es un hombre que no se conoce. ¡Ah! En términos moderados, no hay nada más duro que este
juicio. Rebaja al espíritu al nivel de la bestia, cuya
condición, con relación al hombre, es la de no conocerse.

Si alguien me convenciera un día de que la verdad no es más que una modalidad de mi espíritu, y
no algo que está fuera de él, antes de él, que será

después de él, que es Dios; que la verdad es una cosa
que empieza y concluye conmigo, que la turbación
deliciosa en que me sume su presencia no es más que
una sensación individual, y el asentimiento que le da
mi razón, un capricho; que la verdad no es más que
yo y solo yo; así como se detiene con el dedo el movimiento de un reloj, así ese tal detendría al instante
mi vida moral. Compadezco al hombre que, cediendo al pueril orgullo de considerar la verdad como
una creación de su espíritu, cambiara por esa grose-
ra ilusión la dulce y gloriosa dependencia en la que
nos encontramos con relación á la verdad. Debilita-
ría todo el resorte de su alma; reduciría su razón á
un instinto menos seguro que el de los animales; porque estaría turbado sin cesar por las sacudidas de su
sentido íntimo; perdería hasta los defectos del hombre, los cuales, por lo menos, son los de un ser creado para percibir la verdad. El orgullo, por ejemplo,
que en más de uno es la pretensión de conocer la verdad mejor que los otros y de imponérsela á título de
privilegio sobre inferiores.

Para no caer en esta clase de orgullo, y para evitar hasta su apariencia, es de deber en toda cátedra desde la que se pretenda enseñar la verdad,
vedarse las formas dogmáticas. He aquí porqué pre-
fiero, al anunciar mis lecciones, á la palabra *enseñar*, cuyo absoluto me asusta, la palabra *estudiar*, no
solamente porque yo aprendo al mismo tiempo que
enseño, sino porque no hay término más propio para
caracterizar esas especulaciones apacibles sobre el
pasado y esa investigación de una verdad que ninguna contradicción hace agresiva ni militante. Se ense-
ñan las ciencias exactas: los elementos, el método,
los resultados, todo es evidente en ellas; se estudian

las ciencias que tienen por objeto lo más libre y más
movible del hombre, lo menos susceptible de ser me-
dido ó reducido á axiomas: el pensamiento; que tie·
nen por resultados verdades cuya evidencia, aunque
menos general, no deja de percibirse por la sensibilidad y la imaginación, las dos facultades más sujetas
á la diversidad de las circunstancias particulares,
así como por la razón, por la que todos los tiempos y
todos los países se parecen. El estudio, de otra parte,
con sus dudas, sus inquietudes, sus tanteos cuando
busca, sus alegrías cuando descubre, el estudio, en el
que se retratan todos los movimientos de un espíritu
sincero que busca en los libros el noble placer que
da la verdad, ¿no es más interesante que la enseñanza, que afirma lo que se debe creer, que impone au-
toritariamente lo que requiere ser sentido, que limita
lo que no tiene límites, y que se parece más á una
operación de la memoria que á un trabajo actual del
espíritu?

Después de haber así recorrido todo el campo de
la prosa latina y de haber buscado en él la verdad
común á todos los géneros, y la verdad propia de
cada uno, tal vez habrá lugar para aventurar algunas generalidades sobre esa mitad de la literatura
romana. No siendo las generalidades sino la expresión de las leyes con arreglo á las cuales se realizan
las cosas humanas, antes de sentar las leyes, hay que
conocer todos los hechos que se desarrollan bajo su
imperio; pero la tentación de generalizar es peligrosa;
se cree con demasiada facilidad que se ve lejos porque no se ve á los pies, pronto porque se ve poco.
¡Sería tan hermoso para esta clase de verdad concerniente á los hechos y á los grandes hombres de la historia romana, encontrar algo que decir según Bossuet,

según Montesquieu, según el primero en el tiempo de estos grandes pensadores sobre las cosas romanas, Maquiavelo! ¿Pero no es ya demasiado ambición el aventurarse en las especulaciones que les eran familiares y el querer pensar en donde ellos pensaron? Sería menos temerario, y tal vez me arriesgaré á ello, el sacar del estudio del genio romano en las letras, del arte en los grandes escritores, en una palabra, de la verdad en la elocuencia latina, ya algún principio nuevo, ya la confirmación de algún principio conocido que sirva, no á formar grandes escritores, sino á fomentar en el país el gusto general que los forma. El objeto de todas las instituciones de enseñanza, el deber de todas las cátedras, es recordar al público que constituyendo la materia misma de la gloria, debe contarse por algo en los libros que no hace. Ningún público está más dispuesto á ello que el público francés. Francia es el país en que el público está más cerca del escritor. Sé que este público tiene momentos de sueño, durante los que no es muy delicado sobre lo que sueña; pero no hay que fiarse; cuando se despierta, no se acuerda de lo que ha soñado. Nuestro público no desprecia á los autores que han sido con él demasiado complacientes; esto sería demasiado duro, y sabe que tiene alguna culpa: los olvida. Así es que no hay país en que haya más glorias que no duran la vida de un hombre.

Tal es el plan que me he trazado. En este plan, en el que empiezo por los historiadores, hemos llegado de César á Salustio, el cual nos lleva á su sucesor inmediato, Tito Livio; así remontamos el curso de la historia de Roma, al mismo tiempo que descendemos la serie de estos historiadores.

III

DETALLES BIOGRÁFICOS DE TITO LIVIO.—¿PERTENECE
Á UN PARTIDO?

Tito Livio tenía apenas diez y seis años cuando
murió César. Tenía veinticuatro cuando salió de Padua, su patria, para ir á Roma, en donde pudo ver á
Salustio, viejo y achacoso. Augusto, que le contó entre sus amigos, no se ofendió, dice Tácito, del elogio
que hacía de Pompeyo, y le llamaba el *Pompeyano*.
Plinio el Joven refiere, que por la fama de sus obras,
un habitante de Gades vino del fondo de España á
Roma para verle, y se volvió después de haberle visto. De este único habitante de Gades hizo San Jerónimo varios nobles galos y españoles, «llevados, dice,
á Roma por el deseo de contemplarla, y los cuales, al
entrar en una tan gran ciudad, buscaban en ella otra
cosa distinta de la ciudad misma». Algunos biógrafos
le hacen escribir su historia, parte en Roma, parte
en Nápoles, adonde iba, dicen, de vez en cuando
para descansar. Dicen que compartía los cuidados de
su vida entre su hijo, para el que escribió un tratado
literario, y su hija, que se casó con un retórico llamado Lucio Magio, al que iban á oir, dice Séneca el
padre, «no tanto por su talento como á causa de la
reputación de su suegro». Los autores paduanos va-
rían este hogar casando dos veces á Tito Livio, y ad-
judicándole dos hijos y cuatro hijas, bajo la fe de alguna piedra mal descifrada. Hacen que toda la ciudad
de Padua salga al encuentro del historiador, el día
que volvió después de la muerte de Augusto; le col-
man de honores, y le dan una vejez apacible y feliz;

pero este embellecimiento, por lo demás muy inocente, no se apoya siquiera en un texto dudoso. Eusebio y San Jerónimo dicen que murió en Padua el año 18 de la Era Cristiana, cuarto año del reinado de Tiberio. Si esta fecha es exacta, Tito Livio, nacido cincuenta y nueve años antes de nuestra Era, y muerto diez y ocho años después, vivió setenta y seis años.

Hay motivos para suponer que Tito Livio no tuvo ningún empleo importante ni en Roma, ni en el ejército, y que fué, como Horacio y Virgilio, un letrado de la corte de Augusto. César y Salustio son historiadores; el uno en el ardor de los asuntos, el otro al dejar los asuntos y por despecho de tener que dejarlos. A Tito Livio le hizo historiador el genio mismo de la historia. Vivía en una época en que Roma, sin enemigos en el mundo, puesto que se había convertido en el mundo mismo, pedía un historiador, poeta más que mediano, para contar y cantar á un mismo tiempo la gloriosa serie de sus anales. Fatigada de guerras civiles, asombrada de conocer por primera vez los bienes de la paz y del orden, bajo un gobierno que, menos que oprimía, parecía desembarazarla de libertades cruentas, después de siete siglos empleados en consumar la obra de su grandeza, era un sentimiento nuevo para ella el volver sobre su pasado y contemplarse en su gloria. Antes de Augusto, Roma había tenido la idea de la grandeza de sus miembros, ya del pueblo, ya del ejército, más á menudo del Senado; bajo Augusto tuvo la idea de una grandeza en la que se resumían y se absorbían estas tres grandezas particulares; y esta idea fué la que, como una fuerza creadora, inspiró la *Eneida* á Virgilio, á Tito Livio la *Historia romana*.

¿Qué hay que pensar de los elogios que Tito Livio

tributaba á Pompeyo, y de los que se burlaba Augusto? En la narración, hoy perdida, de la guerra civil,
¿se pronunció por Pompeyo contra César? ¿No es llevar demasiado lejos las cosas el atribuirle, como hace
Niebuhr, la pasión de un hombre de partido?

Si Tito Livio hubiera sido pompeyano hasta ese
punto, no hubiese escrito de Cicerón, el amigo de Pompeyo, «que de todos los males que le abrumaron uno
tras otro, destierro, caída de su partido, muerte de su
hija, únicamente la muerte la sufrió como hombre».
No hubiera dicho de esta muerte «que considerando
bien las cosas, pudo parecer menos inmerecida, por
la razón de que Cicerón, vencedor, no hubiese tratado
mejor á su enemigo». Un escritor del partido de Pompeyo no hubiera trazado, del más grande personaje de
ese partido, un retrato que parecería calumnioso, incluso bajo la pluma de un partidario de César. Estoy
convencido que lo que pudo gustar á Tito Livio del
carácter de Pompeyo, fué la honradez del hombre privado, aunque fuese tan estéril para los demás, y pareciese proceder de la carencia de pasiones más bien
que de un sentido moral activo y enérgico.

Hacer de Tito Livio un hombre de partido no podía ocurrírsele más que á Niebuhr, y por exigencias
de su tesis, que consiste en despojarle de todo crédito.
Había que mostrarle prevenido, por lo menos, en donde no es infiel. Ni la época en que vivía Tito Livio
comportaba una prevención de este género, ni el espíritu del historiador se prestaba á ello. Después de que
Augusto, según las hermosas palabras de Tácito, recibiera bajo su nuevo imperio al mundo romano, cansado de guerras civiles, no hubo un hombre de sentido que echase de menos al antiguo partido republicano. Demasiados héroes de este partido habían proba-

do que al afiliarse á él no habían hecho más que engañarse sobre el medio de llegar más seguramente á
los beneficios del poder y del dinero, que perseguían
bajo su bandera; demasiado falso patriotismo, demasiado orgullo de casta, demasiado amor de la libertad para sí y su partido se habían mezclado á la virtud sólida y al verdadero valor de algunos hombres,
para que se pensara en tomar partido por aquel des-
barajuste y para que no se agradeciese á Augusto
el haber concluido con él. Tito Livio debía de pensar
en este punto como todo el mundo, además de que,
por su espíritu generoso, elevado, sensible á la desgracia, muy propenso á lo dramático y más atento,
en las acciones de los hombres, á lo que se muestra
al exterior que á lo que permanece oculto, á las pasiones que á los intereses, no era capaz ni de la energía ni de las pequeñeces del espíritu de partido.

Es un republicano á la manera de Horacio, que
canta á Régulo y al alma indomable de Catón; á la
manera de Virgilio, que hace presidir por ese mismo
Catón la asamblea de las almas virtuosas en los Campos Elíseos. Los tres eran admiradores de Roma, de su
grandeza, de su gloria; echaban de menos, no sus
instituciones, de las que dudo que ninguno de ellos se
hubiera dado cuenta, incluso Tito Livio, sino todo lo
que las tradiciones nacionales cantaban del heroísmo
de sus conciudadanos. Los espíritus excelentes, y la
observación es cierta, sobre todo en los escritores,
son rara vez justos y nunca tiernos con lo presente.
El mal que sienten más vivamente que los otros hombres les impiden ver el bien, que además no tiene
nunca la grandeza que da la distancia; y es raro que
no tengan alguna fuerte prevención, ya de añoranza por lo pasado, ya de esperanza en lo porvenir. En

particular, los que añoran el pasado se hacen imágenes maravillosas de desinterés, de virtud, de grandeza de alma, para consolarse de lo que ocurra á su al-
rededor; y así como en lo presente la grandeza de
los resultados se les escapa por la pequeñez de las
causas aparentes y por la agitación interesada de todos aquellos por quienes se realizan estos resultados,
así, en lo pasado, las mismas miserias de los medios
y de los actores principales les están disimuladas por
la grandeza de los resultados. Esta es la ilusión familiar de Tito Livio, y Salustio no se substrajo á ella.
Sin embargo, hay en este punto, entre los dos historiadores, una marcadísima diferencia.

IV

DIFERENCIAS ENTRE LA MORAL DE SALUSTIO
Y LA DE TITO LIVIO

Dudo que Salustio se engañase respecto al ideal
que nos trazó, en el preámbulo de *Catilina*, de los
tiempos de Roma hasta el fin de las guerras púnicas.
Todos los rasgos están tan fuera de la verdad, que no
se puede ver en esa pintura tan lisonjera de los primeros siglos de Roma, sino ó una sátira de su tiempo,
ó una declaración de pureza y de virtud para obtener
crédito, ó un trozo de retórica inspirado por la imitación de los griegos, por alguna costumbre literaria de
entonces. Tal vez haya algo de todas estas cosas á la
vez. De todos modos nosotros fuimos insensibles á las
seducciones de ese preámbulo, y, en vez de adquirir
confianza en la virtud de Salustio, nos pusimos en
guardia contra los juicios de un historiador que hace
que cese toda virtud y expire toda moral en los mo-

mentos mismos en que va á empezar su narración. Salustio imagina el bien como hombre que no lo practica. Sus descripciones son fabulosas allí en donde las de Tito Livio no son más que un poco exageradas.

Es que Tito Livio es un hombre honrado que juzga á los demás por su propio fondo y que no solamente cree en la virtud porque es capaz de ella, sino que conoce las fuentes de las buenas acciones, como Salustio adivina los motivos secretos de las malas. Tiene esa especie de inteligencia de las personas honradas, más rara que la de los más hábiles, entre los que no conocen la moral ó son á ella indiferentes; ve formarse en el fondo de las almas grandes las resoluciones hercúleas; conoce lo que puede un hombre bajo un impulso de generosidad ó bajo el imperio del deber; penetra en los grandes ciudadanos porque los ama. Véase á Salustio haciendo el retrato de algún faccioso turbulento, ó de algún gobernador romano robando á su provincia: era perito; pero yo tengo fe en Tito Livio cuando me habla de un Fabio ó de un Pablo Emilio: encontraba en un corazón recto y sensible el secreto de las grandes acciones de aquéllos y el arte de hacérnoslos presentes por la belleza de su relato.

V

DE LA SENSIBILIDAD DE TITO LIVIO COMPARADA CON LA DE VIRGILIO

Quintiliano fué el primero en notar la sensibilidad entre las cualidades de Tito Livio. No lo dijo en términos expresos; los antiguos no tienen palabra que lo exprese claramente; no es porque no conocieran la cosa, sino porque tal disposición no inspiró á ninguna

obra en particular, y porque, en los que se muestra
alguna sensibilidad, es como una libertad tímida y
desconocida que toma el alma humana, bajo el imperio de costumbres, de religiones, de gobiernos que le
eran antipáticos. Reconócese la sensibilidad en el mérito que Quintiliano atribuye á Tito Livio de sobresalir, más que ningún otro historiador, en la expresión
de las pasiones, y principalmente, dice, de las pasiones dulces, *affectus dulciores*. Este elogio no es solamente exacto respecto á las arengas de Tito Livio,
sino también respecto á sus narraciones, las más bellas de las cuales son aquellas en las que pinta, mejor aún, en las que siente él mismo esas pasiones.
Esta sensibilidad le hace feliz, como un contemporáneo, con las victorias de su país, desgraciado con sus
reveses, y hay en su parcialidad misma, ya la ilusión de un testigo que ha agrandado las cosas por la
esperanza ó por el temor, ya el despecho de un alti-
vo romano derrotado que niega su derrota ó que no
quiere hacer de ella un mérito á su enemigo. Al hablar de la batalla de Cannes, como un romano de
aquel tiempo abrumado de dolor, dice: «No trataré
de describir el desorden y el terror en las murallas
de Roma: sucumbiría en el empeño». Inclina la cabeza ante el desastre de su país y se asombra de estar
todavía vivo; queda mudo de dolor y de inquietud;
después, con Roma, que poco á poco se reanima, alza
la cabeza y respira por fin al ver á Aníbal ir á dejar-
se coger en el lazo de las voluptuosidades de Capua.

La sensibilidad es un don común á Tito Livio y á
Virgilio. Parécense ambos por esta facultad superior
y encantadora por la que el poeta y el historiador se
aman menos que las creaciones de su espíritu, y vi-
ven, por decirlo así, de la vida que las han dado.

Virgilio sufre por Dido abandonada, y comparte las
penas de la viuda de Héctor; llora la muerte del joven
guerrero, cuyo blanco pecho fué atravesado por un
venablo. Esto es demasiado poco; este fuego de ternura se derrama sobre todo lo que ve, sobre todo lo que
describe. Se interesa por la hierba naciente que se
atreve á confiarse al aire tibio de la primavera; es,
alternativamente, la ternera que exhala su alma inocente junto al pesebre lleno; el ave á la que los mismos aires son funestos y muere en el seno de la nube;
el toro vencido que aguza sus cuernos en las encinas
para nuevos combates. Como Virgilio, Tito Livio es
sucesivamente cada uno de los personajes que ama;
es Roma misma en todas sus suertes; Roma, á la que
el poeta llama «la más bella de las cosas», con el mismo entusiasmo tierno é ingénuo que hace decir al historiador, hablando del imperio romano, que después
del de los dioses, es el más grande imperio.

Lo principal de la sensibilidad de Tito Livio estriba en ese conocimiento del corazón humano del que
le alaba el menos favorable de sus jueces, el sabio
Niebuhr. Incluso por las pasiones cuyo secreto le ha
dado su corazón, llega á conocer los intereses y penetra en las complicaciones de los asuntos. Otros escritores que han merecido el mismo elogio, no han llevado al corazón humano sino la luz de la razón. Su propio corazón ha permanecido indiferente, ya por haberle hecho callar para que no perturbase sus juicios,
ya por haberle secado la experiencia. Así es, que la
ciencia de tales escritores instruye, pero no le hace
á uno mejor. Proporcionan expedientes y quitan escrúpulos á los que, nacidos con ambición, buscan en
sus estudios medios de imperio sobre los hombres.
Tito Livio es el historiador de las almas generosas;

enseña á los que no están hechos para mandar cómo se honra la obediencia. Su ciencia no instruye menos y da ánimos y emoción. Lo mismo se ha de decir de Virgilio, ese maestro tan profundo y tan tierno en la ciencia de la vida. Cuanto más comparo á estos dos hombres, más me parecen hermanos. Virgilio, sin embargo, es el primero, porque su corazón, el más tierno de la antigüedad, ha experimentado aún más profundamente el rechazo de las cosas humanas. Querría creerse que se conocieron y se amaron; que, en aquel palacio de Augusto, que les era tan hospitalario, hablaron de Roma, de su pasada gloria, de sus grandes hombres, y que, sin murmurar de Augusto, se enternecieron á veces con Pompeyo y se exaltaron con Catón.

Ambos habían nacido no lejos de Venecia, bajo el cielo de los grandes coloristas; ambos respiraron el aire límpido y brillante que circula por los lienzos de la escuela veneciana. Ese don de la claridad luminosa es el que, en un lenguaje que se esfuerza en ser expresivo, alaba Quintiliano en Tito Livio, llamándole *clarissimus candor*. El ejemplo de esto era nuevo, aun después de la luz del estilo de César, aun después del colorido de Salustio. César, más bien que pintor, dibuja á grandes rasgos. Como no ve las cosas y los hombres con la imaginación, sino con una mirada que ninguna emoción turba y con una especie de conocimiento anticipado que de aquellos tiene por la razón, hay que reflexionar sobre su estilo para que nos impresione. Salustio es más colorista que César, y la primera lectura le es más favorable; pero la reflexión le quita algunas de sus ventajas. Descúbrese bien pronto que al perseguir á la vez dos méritos que parecen excluirse, que por lo menos se contrarían, el

color y la concisión; el color que distingue los objetos,
que los matiza, que los da cuerpo; la concisión, que
los resume y los abstrae, le ocurre escribir de cosas
con giro muy estudiado y sentido muy vago. Tito Livio es colorista por el interés de sensibilidad que se
toma por todas las cosas, y también porque tiene algo
de la naturaleza de los poetas, en quienes el arte del
escritor está muy cerca del arte del pintor ó del es-
cultor, y la pluma que escribe, de la plástica que
modela.

VI

DEL PATRIOTISMO Y DE LA ELEVACIÓN MORAL
DE TITO LIVIO

Tito Livio fué el primero de los historiadores romanos que tuvieron la idea y el amor de la patria.
No hay patria en las *Memorias* de César; hay César,
y Roma no es más que una ciudad que le cuesta menos trabajo tomar que Bríndisi. No hay patria en Salustio; no hay más que partidos. Ni el uno ni el otro
amaron á Roma. Los grandes hombres les interesan
poco: á César, porque los más grandes son menos que
él; á Salustio, porque no admira nada, y quizá porque se creía tanto como César, quien aludiendo á Catón, se jacta de haber triunfado en donde Catón fra-
casó. ¿Por qué escribe César? Ya lo hemos dicho:
para hacerse admirar y temer en Roma. ¿Y Salustio?
Por la reputación afecta á la práctica de un arte honrado; porque sienta mejor que la agricultura ó la caza;
porque de todas las ocupaciones en que se ejerce su
espíritu, una de las más útiles es escribir la historia.
Tito Livio escribe por su patria; quiere consolarse de

los males en que la ve caída con el espectáculo de sus
grandes principios y sus progresos. Mientras que vea
prosperar y engrandecerse aquella república, «la más
grande—dice—la más virtuosa, la más rica en bue·
nos ejemplos que hubo nunca, se sentirá consolado y
contento».

Tito Livio es el primer historiador verdadera·
mente hombre de bien. ¿No es injurioso este elogio
para César y Salustio? ¿No era César hombre de bien?
Sí, en ocasiones, si era preciso, si convenía á su polí·
tica, y porque no tenia gusto alguno en no serlo, como
hombre, muy por encima, tanto de sus buenas como
de sus malas cualidades. Así como, aun siendo bon-
dadoso, podía ser cruel, así tenía honradez, aunque
estuviese siempre próximo á faltar á ella. Su moral
era su razón, mirando á su interés. La inteligencia de
César se servía de todo, lo mismo del bien que del
mal; no obedecía á nada; dudaba de sus dioses, incluso de Venus, aunque fuese la madre de su linaje; no
creía tampoco en la moral, aunque fuese mejor que
la de su tiempo é igual, en muchas acciones, á los
más nobles deberes de la moral universal; creía, sin
embargo, ¿hay que decirlo?, en reglas de gusto, y
obedecía á la tiranía de la retórica. En cuanto á Salustio, le encuentro demasiado moralista para un
hombre de bien, y hemos sospechado que su indignación contra las personas no honradas no era más que
un artificio para apartar de él la sospecha de que no
siempre había practicado lo que tan abiertamente
profesaba. El verdadero hombre de bien es Tito Livio.
Este cree en la bondad, en la verdad, en la honradez;
encuentra muchas personas honradas, tal vez no en·
cuentra demasiadas, en la historia de su país: prueba
de que es de esta familia. Si habla de los buenos

ejemplos, no entiende por ellos el éxito, sino el desinterés, la fidelidad á la palabra, la firmeza en la
desgracia, la moderación en la fortuna. La moral no
solamente le sienta bien, como á un buen espíritu
toda cosa buena; tiene fe en ella, la considera como
de un poder superior, y tiene idea de la acción moral
sobre la historia, lo que es un encaminamiento á la
idea de la acción de la Providencia. Estas cualidades
de Tito Livio, para no hablar sino de aquellas que
del carácter pasan á los escritos, no se muestran con
profesiones de fe ni con máximas; su patriotismo no
estalla en declamaciones, ni su honradez en discursos
de moral, ni en sensibilidad su enternecimiento y
lágrimas; es una especie de foco del que se esparce
sobre todos sus escritos un calor secreto é igual; reconócese á cada instante un alma tierna y una historia que tiene necesidad de amar, de admirar, de consolarse.

Así se enriquece y se completa un género por las
cualidades particulares de los escritores; así es como,
en los romanos, el ideal del historiador se forma
con la heroica sencillez de César, con la finura de espíritu de Salustio, con el candor de Tito Livio; así es
como el ideal del estilo histórico se forma con la pura
y luminosa brevedad del primero, con la sabia concisión del segundo, con la abundancia láctea, *lactea
ubertas*, del último. Poco más de treinta años después
de la muerte de Tito Livio, nacerá un cuarto, al que
le será dado terminar este ideal con una profundidad
de penetración y una emoción de lenguaje hasta él
desconocidas. Y por una de esas armonías del mundo
moral, de las que todas las grandes literaturas ofrecen algún ejemplo, al mismo tiempo que la reunión
de los cuatro historiadores de Roma compondrán un

modelo incomparable de historia, tendremos, para
cada uno de los grandes cambios de este país, el historiador más adecuado para relatarlo. Tito Livio, el
historiador poeta, nos cantará las fábulas del origen
de Roma y su prodigioso engrandecimiento; Salustio,
su corrupción insensible en medio de los despojos del
mundo, de que está ahíta; César, sus esfuerzos para
renovarse por la guerra civil; Tácito, su lenta disolución.

VII

DE LOS DEFECTOS DE TITO LIVIO

El más grave de los defectos de Tito Livio es tal
vez el que al escribir la historia de la nación más política de la antigüedad, carece de curiosidad ó interés
por la política interior de su país. Descreída casi por
completo la constitución de Roma, por la cual, según Montesquieu, triunfó de Cartago. Si algunos hechos interiores le invitan á separarse de ella, no pro-
fundiza; y sea sobre los designios del Senado, sea sobre las luchas de los partidos, sea sobre ciertas grandes medidas que afectan á la constitución, se limita
al papel de testigo, viendo las cosas desde fuera y de
lejos, no tratando de penetrar, y confiando en los talentos de los que gobiernan. Admirable disposición
para escribir la historia de todo lo que pasa en el exterior y á la luz del día, guerras, emociones populares, escenas de foro, pero que no conviene cuando se
trata de acontecimientos interiores, de motivos secretos, de consejos, cuando la suerte de Roma depen-
de de algunas resoluciones tomadas entre las cuatro
formidables paredes en donde deliberaba el Senado.

Sin embargo, no censuramos á Tito Livio, con el
rigor de nuestras ideas sobre los deberes del historiador, por lo que deja de desear del lado de la política.
Desde que se va á buscar la historia á los archivos,
y desde que á la imaginación que anima y presenta
las cosas del pasado, á la razón que encuentra el orden y la continuidad de esas cosas, á la sensibilidad
que se conmueve ante las vicisitudes de las mismas,
preferimos la sagacidad que penetra en los secretos
resortes de la política, la disertación que discute los
testimonios, el talento de exponer, tan diferente del
talento de narrar, no solamente correríamos el riesgo
de censurar demasiado á Tito Livio por lo que le falta, sino de no apreciar bastante lo que tiene. Si me
permito no encontrarle bastante político es, compa-
rándole en su tiempo, con el que le precedió en más
de un siglo, con Polibio, quien le daba un modelo tan
bueno en sus relatos de las guerras púnicas, investi-
gando, examinando, descubriendo los resortes de la
conducta que en el espacio de menos de cincuenta y
tres años hizo á los romanos dueños de casi todo el
mundo conocido.

Los otros defectos de Tito Livio son los de sus
mismas buenas cualidades, los de su abundancia lím-
pida y nutritiva, *lactea ubertas,* de la que Quintiliano
parece hablar con la sensualidad de madame de Se-
vigné cuando quería hacer de un tratado de Nicole
un caldo para tomárselo; los de su talento de narrador no superado; los de su don de poesía, por el que
su *Historia* se parece á una epopeya. Por la abundancia es arrastrado á veces á la difusión, y es tanto
más enojoso encontrarle difuso cuanto que en otros
lugares, en los que era necesario el detalle, se le encontró ó lacónico ó mudo. Por el talento de narrador

confina con el cuentista. Solamente le impresiona lo
dramático, y si la verdad no se presta á ello, temo
ó que la omita ó que la embellezca. Sin embargo,
Niebuhr ha pasado de todo límite al decir de Tito Livio que no experimenta ni convicción ni duda. Lo
que hay que decir es que está convencido á la manera
de los poetas, por sentimientos más bien que por las
reglas de la crítica histórica, y que siempre que el
historiador duda, el narrador es el que decide. Dice
en un pasaje: «No querría formular afirmaciones sin
fundamento, lo que constituye la inclinación de los
escritores». Entre dos hechos, seco el uno é interе-
sante el otro, se inclina al segundo; entre la verdad
que le privaría de una bella narración y la verosimilitud que le diera materia para aquella, elegiría la
verosimilitud, y como todas estas cualidades tienen
sus peligros, al mismo tiempo que su talento de narrador le hace deslizarse en la inexactitud, su patriotismo le lleva á preferir la verosimilitud que sirva
de gloria á los romanos, á la verdad que les perjudique.

En fin, tengamos el valor de añadir que este gran
escritor, este noble espíritu, no está exento de ligereza. El don poético y casi virgiliano de Tito Livio
le hace demasiado sensible á lo maravilloso de las
tradiciones que halagan el orgullo de su país. El daño
no es mucho en cuanto á los comienzos de Roma, á
causa de la casi imposibilidad de aclararlos.

La conclusión de todo esto es que hay que leer á
Tito Livio con precaución. Esta reserva no es difícil.
Las seducciones de un autor antiguo, en el tiempo en
que vivimos no son irresistibles. Nos será fácil defen-
dernos contra los encantos del más brillante de los
narradores y preguntarnos, en ocasiones, si la verdad

que descuidó no valdría más que la verosimilitud que imaginó. Pero no por esto nos privemos del placer que gustaron en la lectura de Tito Livio tantos ingenios, incluso La Fontaine, quien leyéndole un día en el jardín de una hospedería, «se enfrascó de tal manera, dice, que transcurrió más de una hora sin pensar en su apetito».

VIII

DE LA NARRACIÓN DE LA SEGUNDA GUERRA PÚNICA. ANÍBAL

Estudiaremos primeramente en Tito Livio la narración de la segunda guerra púnica. Es sin comparación la época más brillante de la historia romana. Una lucha á muerte ha puesto frente á frente á dos sociedades, dos constituciones, dos genios, dos razas opuestas. No caben en el mismo mundo Cartago y Roma: es preciso que una de las dos perezca. Entre las dos rivales no hay remisión ni tregua: se sueltan cuando el agotamiento ha entumecido sus manos, pero es para reanudar el combate. No se sabe cuál de las dos es más fuerte, y la victoria no lo ha decidido.

No niego que lo que sobre todo me ha atraído en este asunto es Aníbal. La historia no ofrece espectáculo más grande que ese hombre prodigioso, el cual, apenas proclamado jefe del ejército cartaginés, dueño al fin de cumplir su juramento de odio eterno contra Roma, la desafía primeramente en Sagunto, atraviesa los Pirineos, abre los Alpes al primer ejército que los haya franqueado, destruye los ejércitos romanos en Tesino, en Trebia, en el lago Trasimeno, y á la misma Roma en Cannes; luego, después de esta carrera de torrente, detenido de pronto, empieza, con los restos de sus compañeros de victorias, aumentados con algunos aliados de Roma, sin su país, ó á pesar de su país, una guerra más asombrosa todavía; atacando y retirándose alternativamente, y como el león que ronda en torno de una presa bien guardada, volviendo por mil circuitos sobre aquella Roma á la que vió una vez y devoró con la esperanza; establecido y envejeciendo en el seno de Italia; tan paciente en el suelo extranjero como una nación que defiende lo suyo; tan fecundo en recursos como un gran gobierno; llamado al fin por su patria en socorro de sus propios hogares, y vencido por un joven que se libró del desastre de Cannes. Será, á lo que creo, de un gran interés ver si Tito Livio, aun sin quererlo, no rebajó á Aníbal, y si su vencedor, ese Escipión el Africano, al que un busto de la época nos presenta con la cabeza calva, la frente vasta, la mirada dura y penetrante, con un gran aire en el que respiran el orgullo del noble, el desdén del hombre impopular, la capacidad del general, si ese hombre, afortunado y brillante á la manera de Pompeyo, no está un poco abultado.

Para ayudarme en estos estudios del mejor de todos los comentarios, la vista misma del país, he querido formarme una idea del camino que Aníbal siguió, de esa tierra por la que campeó diez y seis años. He atravesado los Alpes por el camino que el mayor admirador de Aníbal, Bonaparte, trazó sobre los abismos, y se me ha hecho clara toda la descripción de Tito Livio. He visto esas hermosas llanuras de la Italia del Norte, á las que se desemboca por todos los pasos de los Alpes, y he comprendido el ardor con que debieron de contemplarlas los mercenarios de Aníbal. He visto los Apeninos, en cuyas nieves estuvo á punto de sepultarse, después de la batalla de Trebia, y Spoleto, sobre su roca, adonde fué á estrellarse el impulso que acababa de darle la victoria de Trasimeno; he visto Roma y las alturas á las que se supone que Aníbal fué de descubierta, con algunos jinetes, para explorar el lugar débil por el que pudiese penetrar. En fin, contemplando esa campiña romana, soledad artificial, de la que el arado de los Fabricios y de los Catón hacía en otro tiempo una campiña riente y fecunda, he comprendido lo que podía sacar para su defensa, de esa tierra que hace malsana su fecundidad desdeñada, la heroica nación salida de su seno; é impresionado por el mismo sentimiento que Virgilio, he dicho con él en su intraducible lenguaje: «¡Salud, grandiosa tierra de Saturno, madre de cosechas y de héroes!»

IV
TÀCITO

SUMARIO

I.—Carácter general de los escritos de Tácito.—Juicio de Voltaire sobre este historiador.

II.—La única conducta que fué posible á las personas honradas bajo los Césares.

III.—Tácito está formado por la moral estoica.—Resumen de esta moral.

IV.—Carácter y novedad de la historia en los escritos de Tácito.

V.—Otras diferencias entre Tácito y sus antecesores.

VI.—De la fe que hay que tener en la veracidad de Tácito.

VII.—Del espíritu de prevención de Tácito.

VIII.—De la afectación en los escritos de Tácito.

IX.—De las críticas de que Tácito ha sido objeto.

I

CARÁCTER GENERAL DE LOS ESCRITOS DE TÁCITO. JUICIO DE VOLTAIRE SOBRE ESTE HISTORIADOR

A los sesenta años de la muerte de Tito Livio nacía, á principios del reinado de Nerón, en aquella atmósfera de muerte y desenfreno que se respiraba en Roma desde el reinado de Tiberio, el más elocuente de los historiadores latinos, P. Cornelio Tácito. En el mismo año, según algunos cálculos, subió al trono de los Césares Nerón, el horror del género humano, y nació Tácito, su vengador.

El más cercano al ideal de la historia, tal como nosotros la concebimos, con la gran cultura moderna, es Tácito. Su profundidad, su conocimiento de los móviles secretos, su sentido moral, sobre todo, son casi más de nuestro tiempo que de la antigüedad.

Un cambio completo en el gobierno romano, otra sociedad, otras costumbres, daban á Tácito, sobre sus antecesores, la ventaja de una nueva materia. Sin embargo, comparando su tarea con la de ellos, creía él que la suya era la peor. «Ellos — dijo él — podían narrar grandes guerras, sitios de ciudades, reyes vencidos y cautivos, y si miraban los asuntos inte· riores, violentos debates entre los cónsules y los tribunos, las leyes agrarias y de trigos, las luchas del pueblo y los grandes, y recorrían ese campo con libre vuelo. Nosotros no tenemos que registrar sino órdenes crueles, acusaciones que se suceden sin interrupción, falsas amistades, causas cuyo resultado es el mismo... Nuestra misión es reducida y carece de gloria; no tenemos, por todo asunto, sino una paz constante y apenas perturbada, y Roma llena de tristeza.» Tácito teme la monotonía; lo confiesa; es una pequeña debilidad que no perjudica más que á sus lectores contemporáneos, harto ligeros, sin duda, para tan fuerte alimento.

Dudo, no obstante, que Tácito fuese tan desgraciado como parece, por los asuntos de que tenía que tratar. De todos modos, su desagrado no fué sin mezcla de dulzura. Escribir la historia fué, para Tácito, un alivio. Hay, en sus más lúgubres relatos, una cierta voluptuosidad de espíritu bastante parecida á la de aquel hombre de Lucrecio que, desde la orilla, piensa con dulzura, *suave*, en los peligros de los que navegan. Es un corazón que se descarga tras una larga opresión, y la libertad de la indignación suaviza su amargura.

Sabido es que Tácito no escribió sino en tiempos de Trajano. Honra á este príncipe, á quien el supremo poder hizo mejor, el que la conciencia humana recobrará bajo su reinado aquella voz que los asesinos de Rústico, de Helvidio, de Traseas, habían creído ahogar en las mismas llamas que consumían sus libros. Como Juvenal, que esperó, para entregar al desprecio de la posteridad á los personajes de sus sátiras, á que estuviesen acostados en sus tumbas á lo largo de la vía latina, Tácito, bajo Domiciano, guardó silencio y esperó á que el puñal de los gladiadores hubiese dado fin con el tirano. No escribió sino á la edad de más de cuarenta años.

Más bien le creería el haberse complacido demasiado en su asunto, y no haber siempre prescindido de lo que podía ensombrecerle. Según Voltaire, esto era maledicencia y malignidad. ¡Tácito maldiciente y maligno! ¿Quién lo hubiera sospechado? Voltaire se olvidó de que en el proceso que él formaba al cristianismo, ningún cargo le parecía demasiado fuerte, y que hubiera creído de un Papa todo lo que niega de Tiberio ó de Nerón. Además, califica á Tácito de «fanático fogoso». Y añade, por una singular contradicción, «que conocía á los hombres y á las cortes». Como si el fanatismo no fuera el estado de alma más cercano del que nos quita todo conocimiento, es decir, de la locura. Es lamentable encontrar errores de este género en uno de los mejores jueces de las obras del espíritu, y en un hombre de talento que ha dejado tantos excelentes trabajos. «Tácito me divierte», dice también: elogio cruel agrava sus críticas, porque es decir de un libro de historia lo que se dice de una novela.

Tácito no es ni maligno, ni fanático, y si divierte,

hay que entenderlo por el vivo interés que sabe dar á las más graves enseñanzas de la historia. Si le ha ocurrido registrar con muy poca crítica hechos que parecen inverosímiles, no es por deseo de perjudicar ni aun á los malos, ni por espíritu de sátira, como Juvenal. La severidad de Tácito se parece algo á la de La Bruyère, uno de los hombres más tiernos, como es sabido, y de los más retirados del siglo XVII, el cual observó durante toda su vida la corte sin pasar de la antecámara. La Bruyère tuvo que sufrir los ridículos que constituyen el asunto de su libro; al relatarlos, se vengaba de lo que sufriera. Tácito, para salvar la vida, se vió obligado á contener su indignación; al narrar los crímenes de César, se vengaba de su miedo.

Tampoco es fanático. Conocía demasiado bien á los hombres para tener, un siglo después de Augusto, las nobles ilusiones de un Helvidio Prisco, sacrificado por Tiberio por haber llamado á Bruto y Casio los últimos romanos. Si no hizo el elogio del imperio, lo absolvió con estas graves palabras del comienzo de los *Anales:* «Augusto recogió bajo el poder de uno solo el mundo cansado de guerras civiles». Lo que quería Tácito, lo que estaba reducido á querer, era el poder de uno solo, regulado por el azar que forma á los buenos y á los malos príncipes; era una libertad caprichosa, una libertad tolerada y vitalicia, como la que Plinio el Joven agradecía á Trajano en estos términos: «Ordenas que seamos libres, lo seremos».

Triste política, pero la única sensata en el porvenir limitado y obscuro que habían dado á la Roma de los Césares sus instituciones y su religión.

II

LA ÚNICA CONDUCTA QUE FUÉ POSIBLE Á LAS PERSO-
NAS HONRADAS BAJO LOS CÉSARES

Si hay en la historia un espectáculo doloroso, es
el de los grandes espíritus, como Tácito, á quienes la
esperanza y la añoranza les están igualmente ve-
dadas.

Porque ¿qué se ha de añorar en tiempos de Tiberio? ¿Aquella república aristocrática que, después de
haber conquistado al mundo, se convirtió en el más
duro y más corrompido de los gobernantes? Echar de
menos la Roma republicana, á menos de no remon·
tarse hasta más allá de los Gracos, era echar de menos el Senado vendiendo el honor romano fuera, y la
justicia dentro; los remedios de Mario, más violentos
que el mal; Sila agotando á Roma, al creer renovar-
la; Pompeyo violando sus propias leyes, y la usurpación ofrecida á quien quisiera tomarla, pues tanta
era la prisa por ver el final de las guerras civiles.

¿Podíase por lo menos esperar? Pero ¿qué esperar
en un país sin verdadero pueblo, en el que hijos de
libertos, nietos de vencidos, de griegos, muestras de
todas las naciones, un falso pueblo, en fin, ya más
numeroso en tiempo de los Escipiones que el verdadero pueblo, se agitaba entre el emperador y los nobles, viviendo de los vicios de éstos, incapaz de formar una clase media de la que pudiera salir, ya una
república democrática, ya una monarquía mixta? Tácito pensó en esta última forma; pero el día en que se
le apareció, la reputó más fácil de alabar que de es-
tablecer, y aunque se estableciese, incapaz de durar.

10

El imperio fué el efecto de un acuerdo entre ese falso pueblo, que estaba oprimido, y un ambicioso de talento que tomó su defensa contra la antigua aristocracia. Pero, como en la fábula del caballo que tomaba ayuda del hombre contra el ciervo, una vez que el emperador se hubo servido de la multitud contra los patricios, la mantuvo sujeta, dándole la paz para ejercer esa actividad subalterna que se parece á la intriga, el pan asegurado, y, por toda libertad, la difamación de los grandes en el teatro.

En esta imposibilidad de esperar y de añorar, había, sin embargo, mayor razón para echar de menos lo pasado, que se recomendaba por la gloria y por el trabajo de la grandeza romana, que para esperar al azar, y desear lo que llamaban cosas nuevas, *novae res,* que eran lo desconocido en las tinieblas. Así, pues, Tácito, como todas las personas honradas de entonces, no es más que un patricio liberal, ó, como se diría ahora, un partidario del antiguo régimen liberal y moderado.

Nada se parece menos á un fanático que el hombre que hizo suavemente su fortuna bajo tres emperadores, entre ellos Domiciano. Necesitábase un gran tacto para substraer á las sospechas de aquel miserable emperador el talento que mejor conoció á los príncipes malos. Tácito no tenía temperamento de conspirador. Hasta habla con bastante dureza del espíritu de independencia de los conspiradores y de la vana ostentación de libertad que los precipita al encuentro de su destino. «Que los que admiran las empresas ilegítimas, dice, sepan que puede haber grandes hombres, incluso bajo los malos príncipes, y que la obediencia y la moderación, con tal de que vayan unidas con la fuerza de alma y el talento, los llevan á tanta

gloria como la mayor parte de los que buscaron con
golpes atrevidos una muerte brillante, pero inútil al
Estado».

No son estas las máximas de un fanático, como
tampoco el elogio que tributa á su suegro por haber
legado á Domiciano una parte de su herencia, á fin
de salvar lo restante. Yo me figuro, en casa de Agrícola, las graves conversaciones del yerno y del suegro sobre un asunto tan delicado como el de la conducta que se ha de seguir con un emperador malo. Su
virtud debió de verse más de una vez perpleja; y la
especie de desdén que muestra Tácito por los que
conspiraban, acusa el escrúpulo que debía de dejarle
en seguridad bajo tal príncipe. Le censuro por repren-
der á los que no querían la vida al precio que era
menester pagarla, y por poner la gloria de la obediencia hábil, personificada en Agrícola, al nivel del mar-
tirio sufrido por la libertad política en la persona de
Traseas. El género humano preferirá siempre no el
hombre prudente que sabe, mediante acomodos, incluso dignos, con el despotismo, comprar el privilegio de
morir en su cama, sino el hombre heroico que en un
tiempo en que una buena conciencia, aunque callara,
hacía sombra al príncipe, se abría las venas y hacía
libaciones con su sangre á Júpiter libertador.

Tácito imitó la conducta de su suegro. Ambos servían al príncipe en lo que es preciso que un príncipe,
por malo que sea, incluso un Nerón ó un Domiciano,
tolere en materia de justicia, de orden, de buena administración en el imperio. No servían á la persona.
Ateníanse á ser estimados, sin llegar al favor, disimu-
lando sus éxitos con su modestia, sabiendo contenerse
en la riqueza, para no dar á César la tentación de
constituirse en heredero de ellos; ordenados en sus

costumbres, castos en el matrimonio, honrados sin
hacer ruido, á fin de que su honradez no fuese una
censura.

III

TÁCITO ESTÁ FORMADO POR LA MORAL ESTOICA. RESUMEN DE ESTA MORAL

Tácito parece haber sido uno de aquellos hombres
de bien como los que formó la doctrina estoica en el
intervalo que separa á la Roma republicana de la
Roma cristiana. Entre los filósofos que Domiciano
hizo expulsar á consecuencia del proceso de Arcilano
Rústico, se encontraba el más cristiano de los filósofos del paganismo, Epicteto. La providencia de Dios,
la obligación de someternos á su voluntad, los deberes del hombre con el hombre, el derecho de nuestros
prójimos (el cristianismo habia de decir nuestros hermanos) á nuestros servicios, el deber de abstenerse
de toda venganza: he aquí lo que enseñaba Epicteto.
Negaba que la felicidad dependiese de ninguna cir-
cunstancia externa, ni que hombre alguno pudiera
estar privado de ella. Según él no hay otro bien que
la virtud, ni otro mal que el vicio; la voluntad del
hombre elige entre uno y otro, de tal suerte que, en
la distribución de la felicidad y la desgracia, la parte de cada uno es proporcionada á sus méritos.

Estas hermosas doctrinas constituían el fondo de
la filosofía moral en tiempos de Tácito. Agrícola las
había aprendido de su padre, Julio Graciano, muerto
bajo el reinado de Calígula por no haber querido el
papel de acusador. No hay duda de que Tácito también se cubrió de ellas. Sus escritos lo revelan. Pero

no es más fanático de ellas que de las antiguas libertades republicanas. Si creyó en la Providencia de
Séneca, de Epicteto, de Marco Aurelio, se guardó
bien de decirlo, y dejó en sus libros á los dioses ofi-
ciales, para no tener que excluir del cielo, en unión
de los dioses, á los Césares puestos en él por la adulación. Tampoco adoptó del estoicismo los excesos de
su moral, ni la insensibilidad, que es su perfección.
No hubiera aprobado, entre otras máximas, la de
que, para no sufrir perturbaciones, no hay que afli-
girse de la desgracia de un amigo; la de que un
padre, para no apartarse del cuidado de su propio
espíritu, se abstenga de castigar á un hijo culpable.
Estas exageraciones chocaban con su razón y no se
avenían con sus hábitos de prudencia. Porque aquella insensibilidad, aquel desprecio de los afectos,
aquel amor de la muerte considerada como una libe-
ración, todo aquello no era más que un sublime reto
lanzado á los príncipes, á los que se quería quitar el
placer de la crueldad haciendo á la naturaleza insensible al dolor y negando á los verdugos los sufrimientos de las víctimas. Nada podía ser más sospechoso á
los príncipes, puesto que no hay nada más peligroso
para un mal gobierno que una doctrina que hace popular el desprecio de la vida.

De carácter más firme que apasionado, Tácito
supo mantenerse entre la adulación y la protesta;
halló en el trabajo, en la pureza de su hogar, el secreto de estimarse, aun inclinando la frente, y tuvo
el género de virtud más eficaz entonces, el de no ser
cómplice de ninguno de los crímenes del despotismo
imperial, y tomar parte en todo el bien que dejó
hacer. Retuvo sobre todo de las enseñanzas de la filosofía estoica la resignación á la muerte, no solamen-

te como el fin común, sino como una probabilidad
más próxima para las personas honradas. Junio Rústico pereció bajo Domiciano por haber llamado á Traseas el más santo de los hombres. Si Tácito hubiera
tenido que atravesar el reinado de algún otro Domiciano, y hubiera habido un delato que le denunciase
por las magníficas palabras con que personifica la
virtud de aquel sabio heroico, no dudo de que, inmo-
lado como Rústico, habría muerto como Traseas.
Pero por el feliz azar de una serie de emperadores
honrados, los enérgicos retratos que Tácito había
trazado de los Tiberio y los Nerón, le protegieron
bajo sus sucesores, cuando comprendieron que el proceso formado á los malos príncipes es el mejor elogio
de los buenos.

IV

CARÁCTER Y NOVEDAD DE LA HISTORIA
EN LOS ESCRITOS DE TÁCITO

La impresión que queda de los escritos de Tácito es una impresión de gravedad. Sin duda en esto
entra por mucho el asunto. Aquella sucesión de crímenes, aquellos delatores, aquel Senado que se diez-
ma por miedo, aquellos desenfrenos sangrientos, la
omnipotencia en manos de hombres á los que embria-
ga, todos los males empiezan por el bien, incluso Nerón, pero á quienes el derecho de hacerlo todo impu-
nemente no tarda en volver furiosos, como á ciertos
hombres los licores fuertes; aquel temible misterio
que rodeaba al Palatino, todo esto constituye un
asunto de las más graves lecturas. Pero tantas cosas
como éstas y más todavía se leen en Suetonio, porque

allí en donde se detuvo Tácito, ya por pudor, ya por
escrúpulo artístico, Suetonio no vacila en poner de
manifiesto la majestad imperial y en revelarnos todo
lo que vieren las paredes del Palatino. ¿Se le ha ocurrido á nadie, sin embargo, calificar á Suetonio de
historiador? La impresión de gravedad resulta, pues,
no tanto de los hechos como del carácter mismo del
historiador. Tácito ha merecido ser llamado por Bossuet el más grave de los historiadores, porque es el
más moral.

La moral, en los escritos de Tácito, es una creen-
cia del hombre y no una belleza del género, y por
esto es superior á sus antecesores. Salustio sabe á
maravilla las causas de las disensiones civiles; ha estudiado los efectos de la corrupción, del lujo, de la ambición de los jefes, sobre las costumbres y la constitución de una república; pero esta moral no está bastante cerca de los hechos y falta en ella el acento
del hombre honrado. La moral en Tito Livio es la
admiración por las acciones bellas y los grandes caracteres, y una ilusión simpática que la lleva á po-
blar de grandes hombres el pasado de su país. Para
César, la moral no es más que su juicio personal sobre los hombres y las cosas, según la ayuda á las dificultades que le ofrecen. No sabe dar á los hombres
otras lecciones que sus pensamientos, otros ejemplos
que sus acciones. No hay para él otra humana sabiduría que los motivos, buenos ó malos, que se hacen
obrar. Tácito juzga á los hombres en su conciencia
y según reglas que aplicaba á su propia conducta.
Su moral es de sentimiento.

Además, hace que los acontecimientos broten de
sus verdaderas causas, que son las pasiones y los caracteres. Tácito descubre las intenciones bajo las pa-

labras, los designios bajo los actos, al hombre bajo el papel que representa. Su implacable sagacidad lucha con el disimulo de los Césares, y, por escondidos que estén sus retiros, sabe penetrar en ellos. En vano Tiberio publica edictos para apartar á todo el mundo de los caminos por donde debe pasar, en vano se mantiene oculto en Caprea: desde donde no comunica con Italia sino por medio de señales, Tácito le sigue á todas partes y penetra en sus pensamientos. Arranca de aquel corazón, al que hacía cruel el desprecio de los hombres más todavía que el temperamento, el secreto de su inquietud y de su tedio; y en aquella roca en donde, con los ojos fijos en la orilla italiana, espiando la llegada de la nave que ha de anunciarle la muerte de algún enemigo, Tiberio se cree solo y sin testigos, Tácito está sentado á su lado.

Se complace en esas tinieblas de las intenciones secretas, y así como otros han tenido la intuición de los acontecimientos, él tiene la intuición de las conjeturas. No deja ningún resquicio por donde el culpable pueda escapar. Hasta se podría criticar á Tácito el lujo de sus conjeturas; entre varios motivos contrarios, se vacila, y á veces esta duda aprovecha al acusado. Por esto es por lo que algunos eminentes escritores, Voltaire entre otros, por miedo de creerle demasiado, han negado y se han atribuído el hermoso papel de defender á la naturaleza humana contra el historiador.

Las historias de Tácito se parecen en este concepto á las *Máximas* de La Rochefoucauld. Háblase de gentes tocadas por el rayo, á las que les ha quedado un estremecimiento involuntario; hay algunas páginas de Tácito en las que se experimenta ese estremecimiento.

Con más justicia respecto á la antigüedad pagana,
Chateaubriand hubiera reconocido en Tácito la *ma-
jestuosa melancolía* que atribuye exclusivamente á
los autores cristianos. Hubiera creado la frase para
Tácito.

V

OTRAS DIFERENCIAS ENTRE TÁCITO
Y SUS ANTECESORES

Antes de Tácito, la materia de la historia se encuentra en los campos de batalla ó en el Foro. Había
pocas cosas secretas. El pueblo sabía por sus tribunos ó por las acusaciones públicas lo que pasaba en
el Senado. Para escribir los anales de la Roma republicana, el arte de narrar era más necesario que el
don de conjeturar. En aquél sobresalieron Salustio,
César y Tito Livio; no se les escapó nada de lo que
se ve con los ojos y se oye con los oídos.

En tiempo de Tácito, toda la historia está en el
palacio del emperador. Al Senado, al pueblo, ha sucedido un solo hombre, en quien se han concentrado
todos los derechos y todos los poderes. A la movili-
dad, al ruido, ha sucedido el silencio; á toda la luz
del día, el secreto. Los mismos hechos que pasan á la
luz del día, los hechos de guerra son misteriosos. El
emperador dirige la guerra por mediación de sus lugartenientes, los cuales saben hallar el arte de vencer sin hacer sombra. No se sabe de los acontecimientos sino lo que César quiere que se sepa; solamente
hay una cosa cierta, porque es peligroso dudar de
ella: que en toda guerra el victorioso es César.

La moral de entonces era el interés del príncipe;

su sanción era la ley de lesa majestad. Nadie estaba
seguro de conducirse bien. El mismo riesgo había en
adular demasiado que en no adular nada. Veíase uno
condenado á muerte por un escrito satírico, por haberse hecho predecir grandes bienes por un echador
de buenaventura, por descender de algún amigo de
Pompeyo, por haber tenido un ensueño en el que figu-
raba el emperador. Una burla costó la vida al consu-
lar Tufio; su anciana madre murió por haberle llorado. Los casuístas de esta moral eran los delatores,
verdaderos perros de caza de César, como los llama
enérgicamente el inglés Gordón, al ojeo de todos
aquellos cuya muerte podía ser lucrativa.

Conocer el carácter del príncipe, buscar en su honor, en sus temores, en su codicia, á veces en su locura, la causa de los acontecimientos y el destino de
las personas; buscar la conducta de los individuos en
lo que tenían que temer ó esperar del príncipe; descubrir la extrema bajeza bajo la afectación de la franqueza, y los últimos refinamientos de la adulación en
cierta manera de decir la verdad; sentir la tristeza
pública y ese malestar insoportable de las épocas de
tiranía, en las que se deja tan fácilmente la vida desde que ya no es sino una tolerancia de un tirano; tal
era la misión del historiador de esas tristes épocas, y
en ella descolló Tácito.

En esta historia completamente interna, los retratos deben ocupar un gran puesto. Tácito ha trazado
más que todos sus antecesores y con mayor fidelidad.
Aquéllos pintan á los personajes no del natural, sino
por inducción, y según su fama. Los retratos de Catilina, de César, de Catón, en Salustio; los de Aníbal
y Escipión, en Tito Livio, son muy estimados por la
belleza del lenguaje; pero reconócese en ellos más

bien el apuntamiento del papel que representan que
la fisonomía de la persona. En tiempo de Tácito, en
que los actos no eran sino apariencias con que se cu-
brían, y en que la conducta no era sino el arte de
defender la vida, en la inacción inquieta ó en las acciones tras las que se esconde el personaje, es en
donde Tácito busca y descubre los caracteres. Lo que
se llama fama no le proporcionaba nada seguro. En-
gañadora en todos los tiempos, á sus errores habitua-
les se sumaban los particulares de las épocas de despotismo, cuando todas las cosas están falseadas y depravadas. Había que conjeturarlo todo. La naturaleza humana, tal como el poder despótico la deforma y
envilece, no tuvo nada oculto para Tácito. Conoció
todos los vicios que engendra; conoció el carácter de
protesta sublime que da á todas las virtudes. Además
de ese instinto del genio al que se revela el mundo
invisible de las voluntades y de los pensamientos,
encontraba en el recuerdo de su propio malestar,
bajo Domiciano, el secreto de esa corrupción del miedo, que hace más de una vez cometer crímenes sin
intención criminal.

Los retratos de Tácito no son composiciones sa-
bias y sistemáticas: son variados y verdaderos como
la vida. El pintor cuida de reducir el número de los
rasgos; pero los que elige son tan característicos, que
nos ponen en presencia de los originales.

Racine pensaba sin duda en los caracteres y en
los retratos de Tácito cuando le llamó el pintor más
grande de la antigüedad. No es el arte de los antiguos perfeccionado: es un arte nuevo.

Otra belleza de los libros de Tácito, cuyo carácter es completamente moderno, son las narraciones
de las muertes famosas. La materia era abundante

bajo los Césares. En torno del emperador se extendía el imperio de la muerte violenta. Una vejez demasiado larga con grandes bienes; la juventud y el
talento demasiado cercanos del trono por la cuna; un
alma libre incluso en la obscuridad y el silencio; suspiros oídos tras un tabique, en nombre de la antigua
Roma, que se resistía á prostituirse: todo esto limitaba las vidas en tal época. La ley de lesa majestad
mataba á la luz del día; los centuriones, las envenenadoras mataban en la sombra. Aun los que morían
de enfermedad no estaban seguros de que el emperador no tuviese parte en ello, y le instituían heredero
suyo, para protegerle contra la sospecha de envenenamiento y para proteger á sus hijos contra la venganza.

Pero no solamente morían las personas honradas.
Los emperadores se cansaban de sus instrumentos.
Llegaba un día en que, á fuerza de engordar con los
despojos de los demás, el favorito se convertía en una
presa tentadora para el amo. El mismo amo era en
todo el imperio el menos seguro de vivir, y más de
una vez el cadáver ensangrentado de un César cerró
el largo cortejo de las víctimas inmoladas á su codicia y á su miedo.

No se ven ejemplos de estos relatos en los historiadores que precedieron á Tácito. Este conservó de
aquéllos la costumbre de adornar la historia con arengas. Pero es más sobrio y pone menos de su parte.

VI

DE LA FE QUE HAY QUE DAR Á LA VERACIDAD
DE TÁCITO

Pero allí en donde Tácito no podía aurorizarse con
tradiciones ciertas ó documentos auténticos, ¿no le
ocurrió calumniar de buena fe? ¿Qué hay que creer
de la acusación de inverosimilitud que se ha lanzado
á sus escritos?

Tengamos cuidado, por querer justificar á la naturaleza humana, de no calumniar al historiador que
la honra. La elevación de Tácito, la tristeza que le
inspira la vista del mal, la elocuencia que fortifica el
alma sin exaltarla, son bellísimas cualidades del ser
humano. Si es digno negar, en nombre de la humanidad, ciertos crímenes que suponen demasiada per-
versidad en quienes los cometen y demasiada cobardía en quienes los soportan, no menos digno es negar
que un hombre de talento como Tácito creyera sin
fundamento serio en tales crímenes, y que un pintor
tan genial se complaciera en emborronar con sangre
sus cuadros.

Tácito no ha dicho nada que no confirmen ó agra-
ven, con los detalles que añaden, Suetonio, Juvenal,
Marcial y Plinio el Joven. Ningún efectismo declamatorio hace sospechosas sus acusaciones. A menudo,
hasta en vez de indignarse ante ciertos actos, inves-
tiga friamente sus causas, y no teme poner al lado de
las que agravan el crimen las que lo atenúan.

Hay dos puntos sobre los que sus relatos han sido
tildados de exageración: la cobardía del Senado y la
crueldad de ciertos emperadores.

En materia de cobardía, lo creo todo de una asamblea deliberante en donde la vida no está segura. Los mismos ejemplos de heroismo que dan en ella las grandes almas, son una prueba del exceso de cobardía en las otras. En donde los buenos son héroes, tened por cierto que la muchedumbre es vil.

En materia de crueldad, lo creo todo de un príncipe que posee la omnipotencia y no está seguro de conservarla. Así, pues, lo que se discute es el más ó el menos. Pero si se concede un solo acto de crueldad, ¿por qué lógica se niegan los otros? ¿Quién sabe en dónde comienzan los escrúpulos en esas almas depravadas? Concedo que á los ojos de una justicia fácil que tomara en consideración el temperamento, la sangre, y esos impulsos de la materia de los que no siempre triunfan las voluntades más rectas, hubiera un poco de bien en un abismo de mal, en un Tiberio, un Nerón, un Domiciano; ¿está obligado el historiador á hacer resaltar ese bien á riesgo de disminuir nuestro horror por el mal? Uno de los principales objetos de la historia es proporcionar medios de defensa á los pequeños contra los grandes, á los débiles contra los fuertes, á la vida humana contra los tiranos que abusan de ella; es mantener en los corazones el amor de la justicia y de la libertad, y denunciar al género humano á los enemigos de aquellas.

VII

DEL ESPÍRITU DE PREVENCIÓN DE TÁCITO

Tácito no calumnia; tiene prevención. Es como La Rochefoucauld, que no solamente no atenúa el mal, sino que nos pone en guardia contra ciertas clases de bien. Parece como si hubiera conocido ese espíritu preventivo de la filosofía cristiana que nos da útiles inquietudes, incluso sobre nuestras buenas cualidades. Tal vez hayan resultado de esto algunas injusticias relativas en la apreciación que hace de ciertos caracteres. Eran malos, los hace peores; muchos de sus juicios son dilemas cuyos dos términos son igualmente abrumadores para el culpable: cualquiera que se elija queda condenado; Tácito está prevenido, como lo está en nuestros tribunales de justicia el Fiscal, cuando no pena su amor propio en encontrar culpables, ni trata de hacerse camino con condenas. El historiador no imagina crímenes, pero tal vez está demasiado dispuesto en ver criminales. Esto no es calumnia, es el prejuicio de la desconfianza.

En tiempos de Domiciano, Tácito nos lo dice; no se tenía libertad para decir lo que uno pensaba; ni pensar lo que se quería; doble opresión que pesaba sobre las almas y que hacía que el hombre temiera hablar consigo mismo. Este hábito de ocultar el pensamiento, de no tener confidentes, disponía á la prevención y á la desconfianza. Fué la regla de conducta de Tácito bajo Domiciano; se convirtió en el modo de ser de su espíritu cuando escribió la historia. Aquí tenéis la causa principal de uno de sus dos defectos, la obscuridad. Reconócese aquí á un hombre que teme ver con demasiada claridad sus pensamientos. Parece que sigue hablándose á sí mismo cuando escribe.

VIII

DE LA AFECTACIÓN DE LOS ESCRITOS DE TÁCITO

Tácito tiene otro defecto; es cierta afectación. La causa principal parece ser una ley del espíritu humano. Es, tras los siglos en que se ha escrito con sencillez, cierta ambición de sentir más vivamente y recibir impresiones más fuertes, ya del mundo exterior, ya de las cosas del espíritu. La imaginación domina entonces; se reconoce en la falsa profundidad de la razón, en la exageración de la sensibilidad. En tiempo de Tácito, añadíase á esto ese primer arrebato de la libertad tras la opresión más degradante. El alma aspiraba á gozar de sí misma antes de gozar de la verdad. Todas las facultades, tanto tiempo cautivas, querían rescatar el tiempo perdido. Es el preso que, libre al fin, hace un exceso de marcha; es el hambriento que, en la primera comida, muere ahíto. Quería sentirse más de lo que se podía, expresar más de lo que se sentía. Tácito, Quintiliano, Plinio el Joven, aquellas almas emancipadas por Trajano, están enfermas de esa afectación.

El uso de las lecturas públicas, perjudicial en todos los tiempos y que precipita á las letras en las épocas de decadencia, es la segunda causa de la afectación de Tácito. Al principio no se leyeron en público sino trozos de elocuencia y de poesía: se concluyó por leer obras de historia. No faltaban personas sensatas que censuraban este abuso; pero no solamente se leían trozos de historia, sino obras enteras, en varias sesiones. Fácil sería señalar en los libros de Tácito lo que fué escrito para el auditorio. Cierta pre-

tensión en rivalizar con la pintura en las descripciones; en los retratos, contrastes más ingeniosos que
verdaderos; en las sentencias, todo lo que da al lector, en vez de una noción exacta, el placer de creerse profundo; lo inesperado de ciertos giros; el ingenio,
en fin, no en pensamientos originales y justos, sino
en pensamientos comunes que quieran ser originales:
he aquí lo hecho para el auditorio. Tal vez por los
éxitos de la lectura pública, Tácito es á veces demasiado orador y demasiado poeta.

El escritor que quiere conservar intacto el tesoro
de su carácter natural debe huir de las lecturas públicas.

IX

DE LAS CRÍTICAS DE QUE TÁCITO HA SIDO OBJETO.
¿ES UN ESCRITOR DE DECADENCIA?

Tácito ha sido, en tiempos del Renacimiento, y
hasta en el siglo XVII, motivo de tesis contradictorias y de debates casi violentos entre los sabios. Tácito pertenece á la clase de escritores seductores: los
que caen en sus gracias se embriagan con ellas; los
que se substraen, protestan como gentes á las que se
ha querido engañar. «El peor estilo del mundo es el
de Tácito, escribía el Cardenal Duperrón, y es el más
inferior de los historiadores. Todo su estilo consiste
en cuatro ó cinco cosas: en antítesis, en reticencias,
etcétera. No he visto jamás á un hombre sensato que
alabe á Tácito.» Este juicio es propio de un tiempo
en que los placeres del ingenio, que hoy apenas son
distracciones, eran los más importantes asuntos. Lle-
vábanse á ellos el amor y el odio.

Con el estilo de Tácito ocurre lo que con ciertas personas de las que se habla demasiado bien ó demasiado mal, ya porque añadan á sus méritos el arte de hacerlos valer, ya porque se encuentren menos agradables de lo que son. Hay, «en el más grave de los historiadores», como le llama Bossuet, alguna hojarasca que yo atribuyo á su tiempo y á su amigo Plinio más que á él; hay, en el que Racine llama «el pintor más grande de la antigüedad», algunas pinceladas de más. Es lo bastante para que, en un plan severo de educación, no se dé á leer Tácito á los jóvenes sino después de sus antecesores, cuando se han entonado aquellos con la sencillez de César, con la vigorosa y pintoresca exactitud de Salustio y las límpidas oleadas de Tito Livio.

¿Es decir esto que Tácito sea un escritor de decadencia? Hay una época única, en la historia de las literaturas, en que las palabras son las imágenes más exactas de las cosas y que, como las monedas, tienen el mismo valor para todo el mundo. Las épocas que siguen introducen en las lenguas dos clases de cambios: ó bien las obligan á volver á decir, en otras condiciones de tiempo, de costumbres y de gusto, lo que dijeron una vez con perfección, ó bien producen formas nuevas para expresar ideas duraderas. Toda literatura en que la parte de lo vuelto á decir es mayor que la de las novedades duraderas, es una literatura decadente. Todo escritor que ha rehecho más que inventado, es un escritor decadente.

No es tal Tácito. La parte de las cosas que ha querido decir de otra manera que sus antecesores, no ocupa sino un pequeño puesto en sus obras. La parte de la invención, de las novedades duraderas, es casi todo su libro.

No solamente Tácito no es un escritor decadente,
sino que su gloria estriba en distinguirse, como escritor, de lo ingenioso y declamatorio de su tiempo, por
una razón superior y un estilo original; así como en
el ambiente de aquella corrupción que supo pintar
tan bien, se distinguía, como hombre, por un corazón
recto y un sentido moral que podría reivindicar el
cristianismo, al que, sin embargo, calumnió.

VEINTIDÓS MESES

DE LA VIDA DE MIRABEAU

VEINTIDÓS MESES DE LA VIDA DE MIRABEAU

I

No me propongo hacer un estudio completo de Mirabeau. No quiero entrar en los detalles de su juventud, á pesar del atractivo del asunto, ni examinar sus escritos, de los que ninguno alcanzó el grado de perfección que hace duraderos sus libros. Lo que yo voy á apreciar en Mirabeau es el hombre de Estado, el gran orador; son veintidós meses de aquella vida que concluyó á los cuarenta y dos años. En esa aparición tan corta, cerca de ciento cincuenta discursos dejan una huella luminosa que subsiste aún. He aquí la serie de las grandezas de la Revolución: al principio, Mirabeau; después la nación, que pone en pie de guerra catorce ejércitos; luego el hombre del 18 brumario. En el intervalo, rasgos de talento y de carácter, pero ningún hombre bastante fuerte para poder prescindir de crímenes, y como lo predijo Mirabeau, la anarquía entregando la Francia diezmada á la dictadura militar.

De 1789 á 1800, es decir, desde la convocatoria de los estados generales hasta el 18 brumario, no hubo en Francia más que un hombre verdaderamente grande, y lo bastante para hacerse notar al lado de la gran nación: es Mirabeau. ¿A qué lo debe? A que más que ningún otro, tuvo lo que hace á los grandes hombres en todo país, lo que es más particularmente el sello del nuestro: el buen sentido.

En política, el buen sentido es el conocimiento de las necesidades presentes y de las necesidades perma- nentes de un país. Compónese á la vez de tacto y de previsión. Tal es el buen sentido de Mirabeau, y si es cierto que el buen sentido es el maestro de la vida humana, como no hay cualidad más alta, habría que llamarle sencillamente el genio, y decir que Mira- beau es el hombre más verdaderamente grande de la revolución del 89, porque es el único genial.

A esta cualidad del buen sentido, Mirabeau unía el carácter, sin el cual el buen sentido conduce ya á la duda, con todas sus tentaciones corruptoras, ya á la inacción. Por el buen sentido, se reconoce la verdad; por el carácter se la acepta. El carácter sostiene al buen sentido, lo robustece; es la acepción que sigue á las palabras y las da autoridad. El buen sentido es muy raro; unido al carácter es más raro todavía. La falta de carácter explica y excusa, hasta cierto pun- to, la versatilidad, las contradicciones de ciertos hom- bres que parecen eminentes por el buen sentido; juz- gan bien, pero no tienen la fuerza de hacer lo que aprueban; de suerte que no solamente desacreditan el buen sentido á los ojos de los demás, sino que lle- gan á estimarle menos en sí mismos y á ponerle á veces al servicio de una mala causa. Por la fuerza de carácter, Mirabeau hizo á la vez que su buen sentido fuese honrado por los demás, y supo defenderle con- tra sus propias pasiones. Lo que su buen sentido re- conocía como verdadero, su carácter lo aferraba, y aunque harto á menudo tuviera á la vez dos intere- ses incompatibles, el interés de lo que tenía por ver- dadero y el interés de sus pasiones, no se puede de- cir, sin calumniarle, que haya sacrificado nunca el primero al segundo.

II

El buen sentido de Mirabeau es tanto más admirable cuanto que ninguno de los hombres de la revolución tuvo que luchar contra tantos obstáculos propios para turbarle y obscurecerle. Los unos procedían de él mismo, los otros le esperaban á su entrada en la carrera política.

Hay que hablar de su fogoso temperamento, que se exaspera por las mismas contrariedades de su educación. Fenómenos raros agitaban su vida física. No recibía impresión alguna que no fuese una sacudida; ninguna sensación que no fuese una pasión. Sentía latir sus arterias y correr su sangre, y se representaba las funciones internas de sus órganos como una perpetua tempestad. Lo que se ha llamado sus vicios no eran sino furores. El vicio es, por lo general, un frío desórden de la imaginación, ó el abuso de un despreciable espíritu de imitación en una naturaleza incapaz de fuertes pasiones. Sé que, en severa moral, siendo los mismos los efectos, el vicio es siempre detestable, tenga por causa el arrebato ó la debilidad: así es que no por complacencia hago esa distinción en un juicio sobre Mirabeau, sino para estar en lo cierto, y para que se aprecie tanto más á este gran hombre el no haber dejado en el fango ni su razón ni su corazón.

La tiranía de la educación vino á sumarse á la tiranía de la naturaleza y á agravarla. Sabido es qué triste padre tuvo Mirabeau. El marqués de Mirabeau hace libros y tiene un hijo que escribe. Tiemblo por este hijo. Le ve, desde sus más tiernos años, abierto á todos los conocimientos, estudiando con ardor, ade-

lantándose á todos sus compañeros y maestros, y ya
perorando, como dice el marqués, signo precursor de
la elocuencia, y se inquieta. ¿Va á ser el nombre del
padre obscurecido por el del hijo? Todas mis desgracias, escribía Mirabeau, proceden, en un principio,
de haber oscurecido á mi padre, á quien dije hace más
de diez años, con la ingenuidad y la imprudencia de
la juventud, estas palabras tiernas y sentimentales:
«¡Ah! Aun cuando usted no tenga sino amor propio,
¿no serían mis triunfos los de usted?» Mirabeau se en-
gaña al creer tiernas estas palabras. Acusaban más
penetración que sensibilidad; y el marqués, descubierto su vicio, no dejó de advertir tras la queja del
joven, la sagacidad del hombre hecho que sorprendía
en el fondo del corazón de un padre los celos por los
triunfos de su hijo.

¿En qué ocasión habló el marqués de Mirabeau de
una *cárcel bien fresca, para moderar el apetito de su
hijo*—así dice—*y rebajar su talla?* Mirabeau, entrado
en el regimiento á los diez y siete años, acababa de
perder cuarenta luises al juego. Es necesaria la cárcel para castigar á aquel *miserable*, como su padre le
llama.

Ciertamente no es excusable la juventud de Mirabeau, tratando al matrimonio como una intriga galan-
te, al que se lanza por vanidad y del que sale por
repugnancia; raptando á madame de Monnier y ma-
tándola de pena; escribiendo libros obscenos, no para
vivir, sino para fomentar sus pasiones; libertino, libe-
lista, casi sospechoso de espía; asustando con sus excesos á los más indulgentes, y dando crédito por ade-
lantado á todas las calumnias futuras. Pero en vez de
un padre sin entrañas, que no mira sino los defectos
de su hijo; que le quita de las manos de preceptores

indulgentes, culpables de no castigarle bastante, para
confiarle á un rudo presbítero; que le hace encerrar
á los diez y siete años en una cárcel por una deuda
de cuarenta luises; que lamenta no poder *descasarse*
ni despaternizarse: en vez de este déspota implacable,
dad á Mirabeau un padre de mejor sentido, que mez-
clase con la severidad hacia los defectos de su hijo,
la ternura por sus buenas cualidades, un padre, en fin,
con ese sentimiento de la paternidad, único divino,
puesto que es á la vez el más razonable de todos y
el único que se substrae al imperio de la razón, y seguramente hubiera sido otra muy distinta la juventud
de Mirabeau. Los desórdenes de ésta fueron casi todos
rebeldías. No se le puede acusar sin acusar á la sociedad en que vivía; y como si hubiera debido servir de
emblema á la revolución de que iba á ser la más so-
nora voz, sus extravíos no fueron sino los excesos tal
vez inevitables de una legítima insurrección.

III

Cuando apareció en escena, trayendo en pos sus
deudas y sus procesos, con la maldición paterna, fu-
gitivo de varias bastillas, casado sin ser jefe de familia, amante cuyas infidelidades eran mortales, escritor cuya pluma pasaba por venal, murmúrase en torno de él el nombre de Catilina. No se veía en su juventud sino el escándalo, no la opresión doméstica
que le había causado. Los nobles le trataron como los
de Roma trataron á Catilina: les pareció un tránsfuga
despreciable. El clero no vió en él sino un libertino
peligroso; y en cuanto á la burguesía, aunque le hala-
gara la adquisición de un noble, prefería á los que
salían de su propio seno, ó á otros nobles que se reco-

mendasen por una mayor probidad, sincera ó ambiciosa. La corte no le estimó, y al principio no le temió tampoco lo bastante para compensarle, con el placer de ser temido, el disgusto de no ser estimado. Mirabeau, poderoso por la causa que defendía, pero impotente por sí mismo, no pudiendo convencer á los que quería salvar de que podía perderlos, ni inspirar confianza á los que le obedecían, parecíase á un General á quien sus soldados vigilan. ¿Se agrió por esto? Tal vez tuvo momentos de cólera, pero nunca inmoló los principios á sus resentimientos.

Su elevación á la presidencia de la Asamblea no fué el resultado de una votación espontánea, sino el efecto de un acomodo que había de darle por sucesor á Duport. La razón de la Asamblea Nacional le pertenecía; los corazones le estaban cerrados. Escuchábanle con transporte, pero necesitábase una intriga para arrancar un voto á su favor. ¡Cuántas causas de turbación para una razón menos fuerte! Mirabeau resiste á todo.

IV

Mirabeau no fué desde luego el primer hombre de la Asamblea constituyente. Sus primeros actos son una mezcla de ardor y vacilación. Sus primeras palabras son un poco declamatorias. Carece á un mismo tiempo de medida y de decisión. Le buscan en las grandes circunstancias y permanece ausente ó mudo; se le ve en circunstancias menores agitándose é ineficaz. Hay un hombre que entonces le es muy superior, pero por algunas semanas solamente: genio singular, al que tres ó cuatro frases memorables agotan, y que parece haber consumido su inteligencia en

concentrarlas y darlas una fuerza de expresión que
arrollará todo. Este hombre es el abate Sieyes. El
tercer estado se asombraba de no ser todavía más
que un orden. Sieyes, en aquel asombro, adivina su
ambición y exclama: «¿Qué ha sido hasta aquí el tercer estado? Nada. ¿Qué quiere ser hoy? Todo.» El 10
de Junio de 1789, al entrar en la Asamblea, dice:
«Cortemos el cable, ya es hora». Y hace declarar que
la Asamblea no puede seguir esperando en la inacción de las *clases privilegiadas* sin hacerse culpable
respecto á la nación, y que dentro de una hora se pro-
cederá á la rectificación de los poderes, excluyendo á
los no comparecientes». El 16, propone á la Asamblea
que tome el nombre de *Asamblea Nacional*. ¡Cosa ex-
traña! Mirabeau, que había ya pronunciado el nombre en uno de sus discursos, tuvo miedo cuando Sieyes lo propuso.

De esta suerte, con una serie de afirmaciones alti-
vas y lacónicas sobre todas las cuestiones dudosas,
Sieyes constituía la Asamblea Nacional. Después se
obscurece. Su fama de pensador y publicista le desig-
naba para el trabajo de la constitución. El instinto
de la Asamblea, que mantenía á Mirabeau en las filas
activas, enviaba á Sieyes al comité encargado de
preparar ese trabajo. Allí es donde Sieyes, retirado
de los debates diarios como en el fondo de un santua-
rio, daba á luz su glorioso pensamiento: la división de
Francia en departamentos, con lo que apropiaba, por
decirlo así, la geografía política á la unidad, á la libertad que la nación acababa de conquistar. Sieyes
hizo más que atacar al antiguo régimen: lo negó.
Luego la figura de este gran hombre se desvanece.
Le piden nuevos oráculos y no contesta ya sino con
ensueños.

V

Al mismo tiempo que concluía el papel de Sieyes, empezaba el de Mirabeau. Sieyes no tuvo igual mien· tras que se mantuvo en las cimas de los principios constituyentes; pero el día en que la deliberación se confundió con la acción, en que fué preciso, tras la destrucción legal del pasado, organizar el presente, Mirabeau ocupó el primer puesto. En una transparen· te alusión á Sieyes, en la que asomaba tal vez el despecho, Mirabeau comparaba al metafísico que se apodera, en la meditación del gabinete, de la verdad abstracta, con el hombre de Estado que la aplica á pesar de las dificultades y los obstáculos. «Hay la diferencia que entre el instructor del pueblo y el administrador político; el uno no piensa sino en lo que es, y el otro se ocupa en lo que debe ser».

Sieyes unía á la observación que descubre y des· entraña las cosas, la firmeza del espíritu deductor; pero se hizo mal en pedirle el talento que organiza. Cuando fué transportado del terreno de la observación al gobierno, se extravió. Hubo otros que leyeron mejor que él en el fondo del corazón humano, en don· de se aprende el secreto, no solamente de las acciones individuales, sino de las revoluciones de los imperios.

En este libro estudió Mirabeau las causas de los arrebatos en el seno de las asambleas deliberantes, de las pasiones ciegas en las multitudes, de los prejuicios en las Cortes; su buen sentido no era sino el conocimiento profundo del corazón humano. Orador, había visto el efecto de la palabra sobre los hombres, y en qué monstruo de mil cabezas se convierte una

asamblea, aunque se componga de personas distin-
guidas, cuando estalla un pánico de esperanza ó de
temor; amigo del pueblo, sabía hasta dónde llegan
las desconfianzas de ese pueblo contra los que odia,
y cuánto odia á la ligera; noble, había adivinado,
por los prejuicios de un gentilhombre de provincia,
todos los que engendran las Cortes; hombre, resu-
miendo en sí todas las potencias y todos los contrastes de la naturaleza humana, sabía distinguir las necesidades permanentes de los caprichos, y hasta en la
fiebre del cambio, discernía los instintos que persisten
y que restablecen ciertas cosas por las mismas manos
que las destruyeron. Así, mientras que Sieyes, retirado aparte, edificaba constituciones con arreglo á
las leyes de la lógica, Mirabeau, en lo más denso de
los combatientes, en contacto con todas las pasiones
en lucha, experimentando él mismo casi todas ellas,
alternativamente revolucionario y monárquico constitucional, proveía al presente y fundaba al porvenir.

Sí, esta es su gloria. No quiso destruir sino lo que
debía ser destruído, y solamente ha sobrevivido lo
que quiso fundar. Todas sus opiniones causan ruinas
necesarias ó sientan cimientos duraderos. Nadie en la
Asamblea constituyente es más revolucionario que
Mirabeau; pero nadie lo es con menos ilusión é ira.
Tenía todo el ardimiento del papel, sin tener la exaltación del mismo.

VI

Al día siguiente de la muerte de Mirabeau, leíase
en un artículo de Marat este pasaje, en donde el genio de la destrucción y de la nivelación sin límites tributaba, sin quererlo, el más brillante homenaje al

genio de la organización y de la verdadera igualdad:
«Pueblo, á él (Mirabeau) debes todos los funestos decretos que te han puesto de nuevo bajo el yugo: el de
la ley marcial, el del veto suspensivo, el de la independencia de los delegados de la nación, el de la ini-
ciativa de la guerra, el del marco de plata, el del poder ejecutivo supremo, el de la felicitación á los asesinos de Metz, el del acaparamiento del numerario
por pequeños asignados, el del permiso de emigrar
concedido á los conspiradores». Pues bien, no hay
uno de estos actos que no fuese, ó el mejor expedien-
te para resolver dificultades apremiantes, ó una teoría siempre aplicable, ya de gobierno, ya de libertad. La ley marcial salvaba todo lo que del orden se
podía salvar. La creación de los asignados, limitada,
como quería Mirabeau, á una suma equivalente á los
bienes del clero, evitaba á la revolución la vergüenza de principiar por una bancarrota. Nada era más
propio para mantener la disciplina en el ejército que
renegar de la rebelión aprobando la represión públicamente.
mente. Y para hablar de las teorías, ¿cuál es la monarquía constitucional, cuál es el poder ejecutivo cualquiera que sea posible sin el *veto,* sin el derecho de
paz y de guerra? En fin, nada más discreto que el
querer para los delegados de la nación la plenitud de
independencia respecto del poder que los delega.

El gran sentido que inspiró todos estos actos se
revela igualmente en el asunto de la emigración. No
quiso que á los pocos meses de la declaración de los
derechos del hombre, que dejaba á cada cual en libertad de disponer de su persona, se vedase á los ciudadanos el derecho de salir de las fronteras.

¿Hay, en la oración fúnebre citada, algún acto de
Mirabeau que Marat haya aprobado? Ninguno. Mira-

beau se libró de la aprobación de Marat, por fortuna
suya, porque todo acto que hubiera alabado aquel
hombre lleno de errores, de odios y de cóleras, hubiera necesariamente sido torpe ó culpable.

Mirabeau, sin embargo, no siempre supo resistir
á la corriente. Fué un grave error el querer que la
administración en todos sus grados fuese electiva;
fué una locura extender el principio de la elección á
la justicia, y hacer que el justiciable nombrase al
juez. Sé que, en la desconfianza supersticiosa que
inspiraba el poder ejecutivo, la idea de que todos los
poderes emanasen de la elección era popular. Pero el
hombre que tuvo el valor de hacerse acusar de traición en la cuestión del veto y del derecho de paz y de
guerra, era digno de defender el principio de la ins-
titución de los jueces por el poder ejecutivo, con las
garantías de la inamovilidad. En esta ocasión, el buen
sentido de Mirabeau se obscureció y cedió á los graves juicios de la opinión.

VII

Un examen detallado de sus actos haría encontrar
otras faltas, ya de arrebato, ya de errores. Pero fuera de los puntos importantes, sobre los cuales están
de acuerdo todos los espíritus rectos, tanto las censuras como los elogios resultan poco seguros, á causa
de la diversidad de opiniones, y corren el riesgo de
no ser sino prejuicios personales. Yo no he pretendido hacer de Mirabeau un espíritu ni un corazón in-
falibles; pero no creo decir nada de más al afirmar
que nadie de los que, en su tiempo, llevaban el peso
de los acontecimientos, cometió menos faltas, ni estuvo más á menudo en la verdad.

No hablo de las personas de la corte. Uno de los efectos de la desconfianza pública, es perturbar el sentido de aquellos contra quienes se encarniza. Hubiera sido preciso héroes para conservar un sentido firme é intenciones inmutables en medio de aquel miedo universal á la traición. La prueba era demasiado fuerte para hombres, y al leer los anales de la revolución francesa, confieso que he tenido necesidad de personificar en aquella corte á todas las cortes absolutas, para sentirme revolucionario sin escrúpulo.

No sería, pues, un gran elogio de Mirabeau el decir que tuvo mayor cantidad de buen sentido y cometió menos faltas que la corte y los dos partidos extremos de la Asamblea. Los más parecidos á él, del lado derecho, Malouet y Mounier, espíritus distinguidos, corazones honrados, no eran más que imitadores. Enamorados de la monarquía inglesa, cometían el doble error de creer que una nación puede calcar su gobierno en el de otra; y, en cuanto á Francia, que las clases vencidas, que los muertos del 14 de Julio y del 4 de Agosto podían proporcionar la materia de una Cámara aristocrática. Otros errores, otras faltas, extraviaron al partido que quería á la vez la monarquía y la revolución, pero la monarquía por la revolución. Tres móviles determinaron casi todas su resoluciones: la afición á las teorías, la desconfianza contra la corte y el amor de la popularidad. La metafísica del *Contrato social* constituía el fondo de toda su política.

Pero en el amor de la popularidad, la vanidad dominaba; el triunfo se hacía más necesario que la verdad. Había, por otra parte, en aquella multitud que daba la popularidad, tantas malas pasiones, la sospe-

cha, el odio, la venganza, un principio de afición á
la sangre, que no era posible buscar su sufragio ino-
centemente. Muchas de las personas más honradas
de entonces cometieron grandes faltas para obtener-
la; bajo la Legislativa, se hicieron bajezas.
Mirabeau no tuvo ninguna de estas debilidades.
Marat no tuvo el honor de irritarle. Le calificó un día
de *hombre ebrio*, y no volvió á hablar de él; Mirabeau
no conoció ni los aturdimientos ni los miedos de la
popularidad. En vez de ser su esclavo, se sirvió de
ella. Al lado de Necker, que abandona al Rey para
conservar el favor de la muchedumbre; de Lafayette, que parece no amar sino por la popularidad todas
las hermosas causas que abrazó en su vida, y que
duda de la verdad y de la virtud cuando no son populares; de Barnave, que hace á ese ídolo sacrificios
que expía con su noble muerte, Mirabeau trata á la
popularidad como al dinero; gasta más de lo que
gana.

Por esta independencia de espíritu es por lo que,
sin ser jefe de partido en la Asamblea, ni héroe de
club afuera, ejerció en todas partes una especie de
dictadura. También por esa independencia se explica
el silencio de Mirabeau en ciertas cuestiones importantes; se abstenía para no ser el único de su parecer.

VIII

Los que no quieren reconocer en Mirabeau la
grandeza de su misión entre el pasado, al que com-
batía sin odiarlo, y el porvenir que fundaba sobre la
unión de la monarquía y la revolución, no ven en ello
sino el resultado de un pacto entre la corte y él.

No vacilo en decir que juzgarle de esta manera es calumniarle. ¿Qué es lo que se llama en política un hombre vendido, «un vil asalariado», como decía Mirabeau? Un hombre que, por dinero, deserta de sus principios y vende la verdad. ¿Qué principios abandonó Mirabeau? ¿Qué verdad vendió? Cierto es que un día recibió dinero de Luis XVI, pero no es menos cierto que no vendió nada. Mirabeau no sacrificó ningún principio, no traicionó á nadie por dinero. Todos sus discursos en la Asamblea nacional, todos sus escritos, sea antes, sea después del 89, todas sus cartas, todas sus palabras, le presentan dominado por un solo pensamiento: el establecimiento de una monarquía constitucional.

En los comienzos, lucha por los principios constitucionales contra la monarquía; más adelante luchará por la monarquía contra la exageración de los principios constitucionales. Faccioso á los ojos de la corte cuando le arranca por la fuerza las nuevas libertades, es traidor á los ojos de las libertades nuevas cuando quiere conciliarlas con la monarquía. Si Mirabeau hubiese ayudado á la monarquía cuando ésta luchaba aún por algún privilegio incompatible con los principios constitucionales, entonces sí habría que decir que estaba vendido. Pero cuando la ofrece sus servicios es cuando ya no había nada que conquistar sobre ella, cuando no quedaba más que despojarla. La monarquía los rechaza, él la defiende. Se acepta al fin su ayuda, se la pagan, no temo decirlo. ¿Qué sacrificio ha hecho á la corte? ¿Quién podría distinguir en sus discursos las palabras asalariadas de las palabras libres? ¿En los planes de gobierno que sometía en secreto á la corte, hay un mentís dado á su conducta pública?

Un asalariado demuestra de ordinario mayor celo contra la causa que ha abandonado que á favor de la que le paga. ¿Se vuelve contra la revolución Mira-beau al defender la monarquía? Léanse sus discursos: las últimas resistencias del antiguo régimen no tienen enemigo más resuelto y más ardiente. En los momen-tos en que organizaba un plan para salvar la monar-quía, su fidelidad á la revolución hacíale presidente del Club de los Jacobinos. No hay dos causas para Mirabeau; no hay más que una; y así como no creía servir á la monarquía al defender la revolución, creía asegurar la revolución al salvar la monarquía. Espí-ritu verdaderamente superior por este rasgo, entre otros muchos, Mirabeau ama á los dos principios con igual efusión, y parece, con sus poderosos brazos, querer acercarlos para que se miren de frente y se hagan justicia.

Pero el desinterés no le era posible. La envidia producía un fruto digno de ella: la venalidad. Queda-ba á Mirabeau un postrer recurso: podía fundar un periódico. Pero, para atraer lectores en gran número á un periódico que hubiera defendido los principios de la monarquía constitucional, no hubiera bastado ni el mismo talento de Mirabeau. No hubiese podido vivir de la Prensa; tampoco podía vivir de su gloria de gran orador y de gran estadista. Hay que achacar á los escrúpulos excesivos de los unos, á los celos de los otros, una parte de las censuras que mereciera, por recibir dinero del rey para conservar á su patria la integridad de sus talentos, y, como decía Lafayette, para seguir, después de todo, siendo el mismo. Tal es, si no me engaño, la verdad sobre la venalidad de Mirabeau.

IX

Si Mirabeau, habiendo sobrevivido á la Asamblea constituyente y al absurdo decreto que prohibía á sus miembros el ministerio, hubiese llegado á ser ministro de Luis XVI, á principios de la Legislativa, ¿habría evitado lo que se llamaba de antemano los crímenes inútiles de la revolución? Se ha formulado esta pregunta por la repugnancia que se tiene en confesar la necesidad que hizo á esos crímenes inevitables. No se aviene uno á decir que todo lo hecho ha debido hacerse porque se ha hecho. Se han escrito libros sobre esta pregunta: ¿podía detenerse la Revolución? Una turbación involuntaria nos hace vacilar al entrar en ese período que nos lleva tan rápidamente del 10 de Agosto al 20 de Junio y al 31 de Mayo. No hay que engañarse: ni un solo día fué posible limitar la revolución al establecimiento de la monarquía constitucional. No; aun cuando Mirabeau hubiera do-minado la corte y conducido al rey, aun cuando á todas las seducciones y á todas las cualidades superiores que dan el poder hubiera añadido la autoridad de una vida pura, no lo hubiese logrado.

Lo creyó sin embargo. Dijo un día á la reina, después de una conversación en la que creyó haberla convencido: «Señora, la monarquía está salvada». Podía, en efecto, más que ningún hombre; pero ningún hombre podía fijar un límite á la revolución.

No obstante se experimenta respeto ante tan imponente confianza.

Pero no se engañó Mirabeau sobre las dificultades de su misión. Nadie juzgó mejor la situación y vió mejor las consecuencias. Su confianza no procedía de

ceguedad; sentíase con recursos para todas las dificultades, con valor para todos los peligros: creíase
con varias vidas que dar.

La única que tenía para dar no hubiera sido sino
el primer sacrificio ilustre é inútil. La revolución no
era solamente una justa y sublime insurrección del
derecho contra la fuerza, era también una venganza.
Vencedores y vencidos, nadie pudo contenerse. Desde el primer día, todo el mundo fué lanzado por una
pendiente que conducía á un término extremo: los
unos al crimen, los otros á la muerte. La especie de
alivio que se experimenta al ver, en ciertas épocas
de esta historia, reconciliarse un momento á los dos
regímenes, y las treguas sinceras de gentes que van
á matarse, hace más punzante el horror de lo que sigue: á todas las emociones se suma una tentación de
duda sobre la libertad humana. Todos los espíritus,
todos los corazones están desencadenados. Se ama,
se teme, se espera con furor; todas las palabras son
ardientes, todos los rostros están emocionados y páli-
dos. La idea del derecho, de un derecho desconocido,
sin límites, sin deberes, exalta todos los cerebros.
Precipítanse á la conquista de ese derecho; con él
ya no tendrá nada que temer el hombre. Quien le
disputa sus títulos, es digno de muerte. Así pensaba
la multitud. ¿Qué mano hubiera podido calmar semejante tempestad?

Preciso es, pues, inclinarse ante esa necesidad que
de los justos resentimientos y de las nobles esperanzas de la Francia del 89 hizo brotar las matanzas y
las locuras de 1793. Pero si para realizar las revoluciones se sirve la Providencia de todo el mundo y necesita quienes desempeñen papeles buenos y papeles
malos, reparte los buenos á los espíritus elevados y

á los corazones generosos, á los que prefieren morir
á matar; los malos son para los espíritus mediocres
y los corazones venenosos, para los que saben mejor
matar que morir. Todo hombre que lea la historia de
esa época y que se interrogue sobre la conducta que
hubiera seguido, ha de elegir entre esos papeles. Yo
hubiera sido uno de aquellos obscuros amigos de Mirabeau que perdonaban sus vicios por sus desgracias, por sus prodigiosos trabajos para ilustrar su país,
por su razón superior que le revelaba el gobierno que
Francia había de darse cuarenta años después.

X

Al hablar de la muerte de Mirabeau, Lamartine,
que le consagró admirables páginas, aprecia los sentimientos secretos que aquella muerte inspiró á los
diversos partidos. Según él, el duelo no fué más que
aparente; la Asamblea nacional estaba cansada de
la superioridad de Mirabeau. Las lágrimas derrama-
das sobre su féretro eran fingidas. Solamente el pueblo lloraba sinceramente.

No quiero quitar al pueblo el mérito de haber llorado sinceramente á Mirabeau; el pueblo ama á los
grandes hombres; no tiene celos, no porque sea demasiado fuerte, como dice Lamartine, sino porque
sabe que todo el que es verdaderamente grande tra-
baja por él. Pero es hacer una injusticia á las clases
ilustradas, á las personas honradas de todos los partidos, á la Asamblea, el acusarles de no haber llorado
sinceramente la muerte de Mirabeau.

Tan sólo un puñado de hombres, ó mediocres ó
violentos, envidiosos algunos tal vez, á quienes la
prevención ó la pasión ocultaba el porvenir, pudie-

ron alegrarse en silencio. No conocían la herencia
que iban á recoger. Para la inmensa mayoría, tanto
en la Asamblea como en la nación, la muerte de Mirabeau fué una pérdida personal. Era la revolución que
moría cediendo el puesto á la anarquía.

A principios de 1791 todo lo que debía perecer del
antiguo régimen había perecido; todo lo que debía
fundar el nuevo estaba proclamado. Había que afian-
zar el orden. Para esto ningún hombre era más propio que Mirabeau, puesto que sabía perfectamente
armonizar el orden con la libertad. Muerto él, ¿qué
iba á ocurir? ¿Quién podría restablecer la tranquili-
dad pública? ¿Quién tendría fuerzas para mantener
á raya á los partidos? Nadie. La idea de irreparable
pérdida hacia mayor el duelo. Los funerales de Mirabeau no fueron una ceremonia cuyo programa hubiera redactado el Estado. Todo lo que pertenecía á la
revolución, asambleas, autoridades nacidas de la insurrección, guardias nacionales, sociedades populares, formaban el cortejo. A su paso muchos derrama-
ban lágrimas. Y cuando á media noche, después de
una marcha de siete horas desde la casa del muerto
al Panteón, entró bajo aquellas bóvedas que la Asamblea Nacional había consagrado á los grandes hombres, nadie creyó que el Panteón pudiese recibir uno
mayor.

FIN

ÍNDICE

Páginas.

ADVERTENCIA 1

I. — Historia de Julio César 28

II. — Salustio 83

III. — Tito Livio 113

IV. — Tácito 141

V. — Veintidós meses de la vida de Mirabeau 167

LIBROS PUBLICADOS

POR

LA ESPAÑA MODERNA

que se hallan de venta en su Administración

López Hoyos, 6. — MADRID

Núm. del Cat.º		*Pesetas*
175	**Aguanno.**—La génesis y la evolución del Derecho civil	15
176	— La Reforma integral de la legislación civil	4
177	**Alcoforado.**—Cartas amatorias de la monja portuguesa	3
315	**Amiel.**—Diario íntimo	9
327-328	**Antoine.** — Curso de Economía Social, 2 vols..	16
178	**Anónimo.**—¿Académicas?..	1
179	— **Currita Albornoz** al Padre Luis Coloma	1
183	**Araujo.**—Goya	3
180	**Arenal.** — El Delito colectivo	1,50
182	— El Derecho de gracia...	3
181	— El Visitador del preso...	3
323	**Arnó.** — Las servidumbres rústicas y urbanas. Estudio sobre las servidumbres prediales.	7
114	**Arnold.**—La crítica en la actualidad	3
172	**Asensio.** — Fernán Caballero	1
39	— Martin Alonso Pinzón...	3
184	**Asser.** — Derecho Internacional privado	6
368	**Bargehot.** — La Constitución inglesa	7
391	— Leyes científicas del desarrollo de las naciones, en susrelaciones con los principios de la selección natural y de la herencia	4
416	**Baldwin.** — Elementos de Psicología	8
111	**Balzac.**—César Birotteau..	3
54	— Eugenia Grandet	3
112	— La Quiebra de César Birotteau	3
62	— **Balzac.**—Papá Goriot..	3
76	— Ursula Mirouet	3
2	**Barbey d'Aurevilly.** — El Cabecilla	3
12	— El Dandismo y Jorge Brummel	3
131	— La Hechizada	3
120	— Las Diabólicas	3
124	**Barbey d'Aurevilly.**--Una historia sin nombre	3
110	— Venganza de una mujer.	3
130	**Baudelaire.**—Los paraisos artificiales	3
163	**Becerro de Bengoa.**—Trueba	1
174	**Bergeret.**—Eugenio Mouton (Merinos)	1
353	**Boccardo.** — Historia del Comercio, de la Industria y de la Economía política (para uso especialmente de los Institutos técnicos y de las Escuelas superiores de Comercio)	10
311	**Boissier.** — Cicerón y sus amigos	8
380	— La Oposición bajo los Césares	7
169	**Bourget.**—Hipólito Taine.	0,50
395	**Bréal.**—Ensayo de Semántica (Ciencia de las significaciones)	5
447	**Bredif.**—La Elocuencia política en Grecia	7
399	**Bret Harte.** — Bloqueados por la nieve	2
484	**Brook Adams.**—La ley de la civilización y de la decadencia de los pueblos...	7
367	**Bunge.**—La Educación...	12
185-186	**Burgess.**—Ciencia política y Derecho constitucional comparado *(2 ts.)*.	14

Núm.
del
Cat.º   Pesetas

187 Buylla.—Economía. 12
36-37 Campe. — Historia de
    América (dos tomos)..... 6
156 Campoamor.—Cánovas .. 1
79 — Doloras, cantares y hu-
    moradas................ 3
69 — Ternezas y flores....... 3
317,354,371 Carlyle.—La Revo-
    lución francesa (3 tomos). 24
393 — Pasado y presente...... 7
188 Carnevale.— Filosofía jurí-
    dica.—Crítica penal...... 5
189 — La cuestión de la pena
    de muerte............. 3
102 Caro. — Costumbres litera-
    rias................... 3
140 Caro. — El Derecho y la
    fuerza............. 3
58 — El pesimismo en el si-
    glo XIX................ 3
65 — El suicidio y la civiliza-
    ción................ 3
127 — Littré y el Positivismo. . 3
363 — La filosofía de Goethe.. 6
293 Castro.—El libro de los ga-
    licismos................ 3
361 Champcommunale.-La su-
    cesión abintestato en De-
    recho Internacional pri-
    vado.................. 10
190-191 Collins. — Resumen de
    la filosofía de Spencer (dos
    tomos)................. 15
64 Coppée.—Un idilio........ 3
40 Cherbuliez.—Amores frá-
    giles................. 3
26 — La tema de Juan Tozudo 3
93 — Meta Holdenis......... 3
18 — Mis Rovel.......... 3
91 — Paula Mere........... 3
394 Colombey.— Historia anec-
    dótica de el Duelo, en to-
    das las épocas y en todos
    los países.............. 6
437 Comte.—Principios de Filo-
    sofía positiva........... 2
404 Couperus.—Su Majestad.. 3
297-298 Darwin.—Viaje de un
    naturalista alrededor del
    mundo (dos tomos)...... 15
59 Daudet.—Cartas de mi mo-
    lino................... 3
125 — Cuentos y fantasías..... 3
93 — El sitio de París........ 3
13-14 — Jack (dos tomos)...... 6

Núm.
del
Cat.º   Pesetas

22 Daudet.—La Evangelista.. 3
46 — Novelas del lunes....... 3
425 Dollinger.—El Pontificado. 6
166 Dorado.—Concepción Are-
    nal................... 1
33 La novela del presidio..... 3
301 Dowden. — Historia de la
    literatura francesa...... 9
402 Dumas.—Actea.......... 2
326 Emerson.--La ley de la vida 5
332 — Hombres simbólicos.... 4
413 — Ensayo sobre la natura-
    leza, seguido de varios
    discursos........... 3,50
442 — Inglaterra y el carácter
    inglés................. 4
459 — Los veinte ensayos..... 7
340 Eltzbacher.—El anarquis-
    mo, según sus más ilustres
    representantes......... 7
342 Ellis Stevens.—La Consti-
    tución de los Estados Uni-
    dos, estudiada en sus rela-
    ciones con la Historia de
    Inglaterra y de sus colo-
    nias.................. 4
162 Fernán Flor.—Tamayo... 1
158 — Zorrilla...... 1
155 Fernández Guerra.--Hart-
    zenbusch 1
92 Ferrán.—Obras completas. 3
329 Fichte.—Discursos á la na-
    ción alemana. La regene-
    ración y educación de la
    Alemania moderna...... 5
352 Finot.—Filosofía de la lon-
    gevidad.............. 5
357 Fitzmaurice-Kelly.—His-
    toria de la Literatura es-
    pañola.......... •........ 10
24 Flaubert.--Un corazón sen-
    cillo.................. 3
390 Flint.—La Filosofía de la
    Historia en Alemania.... 7
196-197 Fouillee.—Historia de
    la filosofía (dos tomos)... 12
195 — La ciencia social contem-
    poránea.............. 8
194 — Novísimo concepto del
    derecho en Alemania, In-
    glaterra y Francia....... 7
451-452 — Historia de la filoso-
    fía de Platón (dos tomos). 12